Essadiq Benarreg

SARAH LEADERWAY

Essadiq Benarreg

SARAH LEADERWAY

Éditions Muse

Cover image: www.ingimage.com

Publisher:
Éditions Muse
is a trademark of
Dodo Books Indian Ocean Ltd., member of the OmniScriptum S.R.L Publishing group
str. A.Russo 15, of. 61, Chisinau-2068, Republic of Moldova Europe
Printed at: see last page
ISBN: 978-620-3-86589-9

ESSADIQ BENARREG

SARAH LEADERWAY

Roman court

Résumé :

Sarah et sa fille Christine mènent une vie simple et normale. Toutes deux vivent dans une demeure avec Jack Leaderway, père de Sarah et grand-père de Christine. Madame Leaderway, mère de Sarah et grand-mère de Christine, est atteinte du syndrome de Guillain-Barré. Le lecteur croit que madame Leaderway est morte des suites du Guillain-Barré, mais à la fin du roman on va découvrir une surprise choquante et inattendue.

À ma mère

Chapitre 1

Assise sur le canapé du salon, Sarah Leaderway regardait à la télévision un reporter qui commentait l'actualité avec un débit rapide. Bâillant à se décrocher la mâchoire, elle éteignit la télé. Elle s'apprêtait pour sortir, s'étirant, bâillant de plus belle. C'était l'heure d'aller amener sa fille de Helman Elementary School, non loin de là. Elle remonta les marches de l'escalier vers la cuisine où elle but de l'eau du robinet, remplissant le verre quatre ou cinq fois. Puis elle sortit de la cuisine et redescendit au salon où elle mit ses espadrilles, prit les clés de la maison et sortit en refermant la porte derrière elle. Elle partit en vélo.
Le trajet lui était plaisant où se mêlaient le plaisir et le gain, qu'il soit sanitaire ou l'argent de poche. C'est peut-être même mieux qu'un véhicule automobile. Pour elle, rien de tel que le cyclisme pour mener une vie saine et économe. Ainsi, elle profitait de ce va-et-vient quotidien (excepté les jours fériés, les vacances de printemps et d'été) pour mêler le plaisant à l'utile. C'était également pour elle l'occasion de se délecter le long de l'itinéraire d'une miette des beautés de cette ville d'Ashland du comté de Jackson, située dans le sud de l'État de l'Oregon des États-Unis, où l'on lui avait donné le jour, avec ses habitants les "Ashlanders" qu'on prenait pour "slingers", terme désignant ceux qui critiquent le gouvernement en usant contre lui de satire.
Lorsqu'elle était enfant, elle avait eu pas mal de puérilités, bien entendu en tout propres à l'enfant. Et si, par surcroît, son enfance avait connu des bagatelles auxquelles elle avait perdu son temps, peut-être dues à une certaine maladresse de la part de ses parents eux-mêmes en matière d'éducation, du moins le mettait-elle à profit pour épargner de telles choses à sa fille. *Que veux-tu, c'est la vie ! C'est de ces fautes d'autrui qu'on tire telle ou telle leçon.*
Sarah avait été à la même école que sa fille, dont elle gardait des souvenirs et même des photos, les unes la montraient avec certains de ses copains et/ou de ses copines de classe, les autres avec tous, y compris sa maîtresse ou son maître d'école. Elle avait déjà fait voir les photos à sa fille, mais vu la curiosité qui animait celle-ci, elle les lui remontrait chaque fois qu'on le lui demandait. En effet, la fille voulait savoir encore plus de détails sur ces personnes de telle ou telle photo, surtout ces gosses de son âge. À la différence de ses parents, Sarah savait tenir le rôle de la mère qui s'efforçait de dresser son enfant tout en l'amenant, par quelque procédé, à finir par se persuader qu'elle ferait bien de pousser cette curiosité bien entendu de sa part jusqu'au désir d'apprendre plutôt que de vouloir uniquement s'arrêter aux broutilles.
La voilà arrivée, en avance de deux et quelques minutes. Tandis qu'elle attendait la sortie de sa fille de l'école, son visage moite rougissait très légèrement au soleil de ce début du mois d'octobre en prenant une teinte à peine rougeâtre, lui donnant ainsi l'aspect de la palette de Renoir. Elle jeta son regard sur la façade de l'établissement qui lui semblait à peine rénové depuis sa toute première année étant kindergartener il y avait une trentaine d'années. L'école avait pourtant une

si bonne réputation, grâce aux efforts remarquables de son corps éducatif qui veillait à être à la hauteur de la responsabilité.

Il était treize heures et demie quand la porte s'ouvrit, et que, tel un troupeau effaré quand on le rend libre tout à coup, les plus âgés des élèves se mirent à courir çà et là tout en embêtant les uns les autres à titre badin, certains déjà en bicyclettes pour s'enfuir. Eux autres, bien entendu, chacun en compagnie de sa mère ou de son père, surtout les kindergarteners. Depuis l'entrée, une fillette brune causait avec une blonde, apparemment sa copine de classe favorite. Une fois à la sortie, la brune lui fit au revoir de la main et se dirigea vers Sarah en courant, l'air gai. Celle-ci la serra des deux bras en l'embrassant affectueusement. Puis, après l'avoir aidée à s'asseoir à l'arrière, elle repartit.

C'était sa fille. Elle s'appelait Christine, sa petite princesse dorée ainsi qu'elle l'appelait. Fille unique âgée de dix ans, Christine n'était pas d'une éclatante beauté à en faire parade, mais les cheveux longs et lisses et le teint brun clair de son visage ovale aux yeux noisette l'embellissaient *bien*. Sarah, elle, non plus. L'éclat vif de la blancheur du teint de son visage rond seul lui procurait un peu plus une certaine grâce. Si l'on l'emmenait au salon de coiffure, elle deviendrait certainement autre chose. À vrai dire, elle ne se fardait guère : un ruban à retenir ses cheveux, et puis c'était tout. Elle incarnait donc l'image des femmes américaines type "so busy".

En effet, à part sa fille c'est d'une quinquagénaire qu'elle se préoccupait le plus. Il s'agissait de sa mère, dite madame Leaderway, hospitalisée en urgence à Asante Ashland Community Hospital, après avoir diagnostiqué sa maladie du syndrome de Guillain-Barré il y avait environ un mois. Elle était maintenant en réanimation, après avoir connu les premiers symptômes tels que des picotements, une sensation de vibrations au niveau des pieds et des mains,... et surtout une paralysie de sa jambe droite remontant jusqu'à atteindre sa tête. Elle avait tellement absorbé l'esprit de sa fille.

Sur le chemin du retour, juste à une trentaine de mètres de la maison, il y avait une pente à monter, assez forte. Avec cette dernière et le poids de Christine, c'était bon en guise de consolation. *Je me délasse l'esprit à mesure que je me donne beaucoup de peine pour monter*. À peine était-elle arrivée que sa petite princesse dorée, assise à l'arrière, se mit à ricaner. Elle s'égayait à la voir peiner de la sorte ! Elle était encore enfant; donc, on ne pouvait pas l'en blâmer. *Ah bon !* Maintenant qu'il ne lui restait que quelques pas, Sarah descendit du vélo et continua à pied. Mine réjouie, Christine frappait la roue des pieds, faisant ainsi la cavalière et sa monture. Le visage tellement moite et rougeâtre, la mère avait l'air maussade malgré elle, mais pourtant contente de voir sa fille toute gaie, rayonnante de joie et de vie.

Chapitre 2

Voilà le domicile, rue Helman. À le voir de l'extérieur, ainsi que ceux du voisinage, au milieu des dizaines d'arbres plantés sur une vaste étendue de gazon, on se dirait dans les champs évoquant la vie champêtre (on pourrait également voir apparaître des maisons hantées à tous les coins de rue, des fantômes sur le pas des maisons, des citrouilles plus décorées les unes que les autres, sauf celle où habitait Sarah qui, pour une raison ou pour une autre, ne voulait pas recevoir les enfants venant pour les bonbons). Mais les apparences étaient souvent trompeuses. L'intérieur n'avait rien à voir : il était meublé en moderne. C'était l'ère de la modernisation par excellence. Pour accéder à la maison où vivaient Sarah et Christine, on monta quatre ou cinq marches en guise de seuil et c'est de l'un des côtés de ce dernier qu'on mit le vélo avec son antivol.

Une fois dedans, il y avait le salon. Bien que beaucoup moins spacieux, il était doux : tout près de la porte d'entrée flanquée de deux fenêtres aux rideaux de cretonne et à côté d'un lampadaire en acier laqué blanc et pied en chêne, se plaçait un canapé recouvert de velours de rayonne et garni de deux coussins à housse de velours côtelé en face d'une télé plaquée contre le mur (la télé avec un magnétoscope et des vidéocassettes); un lustre à cinq lampes, dont deux seules pourraient être allumées, juste au-dessus d'une table ronde à quatre chaises en bois laqué rouge qui touchaient presque des étagères de sapin soutenant quelques livres; une moelleuse moquette grise assortie aux lambris en marbre blanc ornés d'un portrait photographique, mis dans un cadre et rehaussé de couleurs d'aquarelle, juste au-dessus de la télé.

La demeure était une propriété par voie de succession. En effet, le portrait montrait la mère du bisaïeul de Sarah. C'était la figure de l'un des membres éminents de l'Association internationale des assemblées de Rebekah, aussi connue sous le nom de Rebekahs, dont Abel Dougherty Helman, le premier pionnier d'Ashland. Un titre qui avait donné accès à de nombreux privilèges par la suite, entre autres, une habitation et de belles sommes pour la belle lignée de la "Rebecca".

Des honneurs d'un goût douteux, puisque l'arrière-petit-fils dilapidait les toutes dernières sommes, dont il avait usurpé quelques-unes appartenant à sa sœur aînée, si bien que sa petite famille n'en jouissait que peu, violant ainsi l'un des principes sublimes pour lesquels était fondée The Daughters of Rebekah : l'amour et la charité. Insensé, il se livrait encore à ses prodigalités.

Il s'agissait de l'époux de madame Leaderway, Jack Leaderway. On ne savait pas exactement où il gaspillait l'argent. Il rentrait à une heure trop avancée de la nuit en l'entendant chahuter quelque meuble, voilà tout. Et cela, presque toujours. Dire qu'il était un habitué de tel ou tel lieu où l'on consommait sans discernement ! Son épouse l'avait longtemps supporté avant de finir par *attraper* ce beau Guillain-Barré qui lui permettrait au moins de prendre congé un certain temps de ce vil mari. Et tel elle avait laissé ce dernier, tel on le retrouva : Jack semblait prétendre ne pas changer. La vie, qu'il menait, était toujours la même. Et pour changer, il rentrait encore vers deux heures du matin, allumait la télé et restait devant elle jusqu'à ce qu'il s'abandonne à un sommeil de plomb auquel ne l'arrachaient que les rayons du soleil de la fin de matinée. Puis il sortait et ne rentrait qu'à une heure indue. Sa petite-fille ne l'avait pas encore vu, sinon elle se fût trouvée face à face avec lui. Elle allait à l'école à la semaine qu'il continuait encore ses ronflements. Qui dit froid grand-père dit infâme aïeul.

Chapitre 3

Sarah et Christine entrèrent dans la maison en refermant la porte. Celle-ci ôta ses espadrilles, les remit à leur place (contre le mur, près de la porte; il y avait aussi des pantoufles pour Sarah uniquement !) et monta les marches de l'escalier vers la chambre de sa mère, qu'elle partageait; celle-là remit les clés de la maison à leur place (sur un crochet cloué à la porte), ôta à son tour ses espadrilles, les remit en place et se dirigea vers la salle de bains (qui leur servait aussi de cabinet de toilette; des sandales en caoutchouc étant placées dedans, propres aux lavabos) contiguë au salon.

Une fois dans la chambre, la petite princesse dorée, se débarrassant de son cartable, se jeta sur son petit lit tarabiscoté en Graziela patterns et se mit à faire des gambades si bien que les ressorts crissaient sous ses pieds. Dire que telle ou telle substance stimulante entrait dans les mets du déjeuner qu'on lui servit à l'école !

En effet, un poster Cirque et une affiche Alphabet portaient aussi la marque Graziela. Depuis les années 70, cette dernière n'avait pas cessé d'inspirer les enfants et les parents. Par exemple, sur le poster, la petite fille espiègle à cheval que Christine faisait quand elle était à vélo derrière sa mère.

La chambre était en pagaïe. Des vêtements et des sous-vêtements étant jetés çà et là, avec les cahiers et les manuels. L'armoire était presque vide.

Voilà la mère qui entra dans la chambre. Elle s'allongea sur son lit, oubliant sa fille. Cessant les gambades, celle-ci quitta son petit lit et alla s'allonger à son tour à côté de sa mère. Puis, les yeux rivés sur le lustre à lames :

- Maman ?
- Oui ?
- Quand ma mémé sera-t-elle guérie ?
- Je ne sais pas. Dieu fasse qu'elle le soit bientôt.
- C'est le mercredi, tu sais, et ça fait plus de dix jours qu'on ne lui a pas rendu visite, toi et moi. Mon pépé, lui, non plus depuis son hospitalisation.

En entendant cela, Sarah tourna les yeux vers l'armoire à deux battants comme des bras ouverts et se demanda si elle se souvenait de la dernière fois que son père la recevait les bras ouverts. Jamais de la vie ! Cela lui donnait envie de rendre tripes et boyaux. Il y avait même un maillot rose pâle sous les crochets, telle une langue pendante dans une bouche ouverte à dents branlant et gâtées, dignes d'un père odieux.

S'apercevant qu'il était temps de remettre la chambre en ordre après le désordre coutumier, la mère se dressa sur son séant et, tapotant la cuisse de sa fille :

- Lève-toi ! On a bel et bien à tout remettre en place.

Puis elle sortit du lit et Christine s'exécuta.

Elles entreprirent alors d'amasser l'ensemble de leurs habits pour les voir un par un avant de les ranger dans l'armoire.

- Cette culotte ? Tu l'as ôtée hier soir, n'est-ce pas ? s'enquit la mère.
La fille hocha la tête.
- Et maintenant, tu en portes une autre ?
Cette fois, il y eut un secouement de tête.
- Moi non plus. Pas même un soutien-gorge pour ce qu'il fait beau aujourd'hui.
Christine eut un petit rire. Puis, toutes deux éclatèrent de rire.
- On ne peut plus distinguer nos affaires propres de celles qui ne le sont pas, dit Sarah en flairant les tissus l'un après l'autre, toujours rieuse.
Elle se mit soudain à pleurer.
- Maman, arrête ! non, mais ! ça te prend souvent ! protesta Christine. Te voir pleurer me contrarie.
Sarah essuya ses larmes avec le pan de son chemisier puis, poussée par son instinct maternel, rassura sa fille :
- Un moment de détresse, voilà tout.
Elle esquissa un sourire réconfortant en disant :
- Ce qu'il nous faut maintenant, vois-tu, c'est de tâcher de dégager le linge de cet amas de pièces en nous servant de notre odorat.
Après avoir passé un bon moment à renifler leurs effets, la petite princesse dorée, tout en se grattant et en pressant ses narines comme si le nez était atteint par quelque inflammation, demanda d'une voix entrecoupée :
- Qu'est-ce que c'est ?
La mère regarda le jean tacheté entre les mains de sa fille. Elle ne savait quoi dire, mais elle devait répondre même si elle se sentait un peu désorientée :
- Ce n'est *rien*.
- Mais comment cela ? s'enquit la fille, curieuse.
La mère n'avait pas le choix :
- J'ai eu la diarrhée ce matin.
Christine regarda de nouveau le jean et l'approcha de son nez pour mieux le renifler, mais enfin après un moment elle avoua :
- J'avoue qu'il ne sent rien.
Même surprise par cet aveu, la mère renchérit :
- La salle de bains ne pue pas quand je défèque.
- Il se trouve donc que ma culotte est la seule pièce à mettre à la lessive.
- Ah, bon ? Alors, il me semble qu'on n'a pas à laver ni à essorer ni même à faire sécher. Et il ne nous reste plus qu'à nous occuper à ranger tout ça. Toi, tu t'occupes de tes affaires. Ces manuels, ces cahiers, ces feuilles, tout doit être dans le carton. Moi, de nos effets.
À peine le devoir accompli, Christine, se rappelant que leur série d'animation favorite avait déjà commencé, cria :
- Maman !
Le ton fut si aigu que la mère en eut un sursaut.
- Quoi ? répondit-elle d'une voix qui témoignait combien elle était terrassée.

- Le monde incroyable de Gumball !
Là-dessus, elles descendirent au salon en courant, laissant la chambre presque dans son état initial.
Sarah alluma la télé et prit place à côté de sa fille, déjà sur le canapé.

"Le monde incroyable de Gumball"; quel joli titre !
Voilà Gumball, Darwin et Sarah G.Lato,
Élèves au collège d'Elmore aux pupitres;
L'aventure ? – Bientôt.

Hé ! hé ! Aussi étonnant que cela paraisse,
Sarah Leaderway avait bien tout de Sarah
Au citron, qui avait bien pas mal de faiblesses
À en baisser les bras.

Sarah G.Lato aimait Darwin et Gumball;
Hélas ! cet amour pur n'était pas réciproque !
"Cela va sans dire" dit-elle, plutôt humble,
D'une voix assez rauque.

Lato était morte à l'âge de vingt-six ans;
Et Sarah Leaderway ?
Moralement, depuis l'âge de vingt-six ans;
Oh ! nothing to say.

Tous, Darwin rouge, Lato jaune et Gumball bleu,
Mélangés, donnaient la carnation de celui
Qui avait tant brisé le cœur de Sarah. "Dieu
Seul, dit-elle, m'appuie".

Sarah et Christine regardaient la télé;
Voilà arriver un beau Toyota Tundra,
Splendidement blanc comme une licorne ailée,
Qu'avait un si ingrat.

Christine tira les rideaux et, des yeux ronds,
Vit son grand-père qu'elle connut bien de vue;
"C'est mon pépé !" dit-elle et Sarah dit d'un ton
Sec "Plus tôt que prévu".

Jack entra chez lui en faisant le bon grand-père;
Dire qu'il approchait bien de la soixantaine !
Mauvais âge pour Louis le Grand qui n'aimait guère

Le poète : La Fontaine.

Jack était un Blanc, tout petit, aux cheveux noirs
En bataille, au visage en lame de couteau,
Aux yeux perçants, aux tempes grises de savoir,
Évoquant Jean Cocteau.

Sa petite-fille l'avait cru aussi tendre;
Quelle affection ! Sans embrassement ni baisers;
Il lui tapota seulement la joue sans prendre
La peine de baiser.

Oui, on qualifiait Jack d'armoire, mais d'armoire
À biens usurpés;
Le regard perçant sur un portefeuille noir
Mis sur le canapé :

"Avez-vous jamais touché à mon portefeuille?"
"Non" répondit Sarah;
"Très bien" dit-il en s'emparant du portefeuille
Et sortit comme un rat.

Chapitre 4

La télé éteinte et les rideaux fermés, Sarah et Christine quittèrent le salon. Celle-ci regagna la chambre, celle-là se dirigea vers la cuisine de laquelle elle sortit après quelques minutes avec deux assiettes contenant, chacune, une banane et une tranche de pain croustillante au fromage ainsi que des cacahuètes grillées. C'étaient tous des aliments riches en tryptophane. *Ce dernier, un des spectacles les plus beaux, n'est autre qu'un groupe de parachutistes surdoués qui, serrant les mains les uns aux autres, change de forme en Amérique centrale, au large du Belize, juste au-dessus du Grand Trou Bleu, auquel on succombe enfin, sentant ses yeux se fermer, sous l'action remarquable de ces parachutistes.*
La mère entra dans la pièce, apportant les deux assiettes, elles aussi en Graziela patterns.
La petite princesse dorée était assise sur le lit de Sarah, les jambes croisées.
- Ça sent bon, dit-elle une fois son assiette posée sous ses yeux.
La mère prit place en face de sa fille en croisant les jambes.
- Oui, c'est bon, dit-elle (une bouchée de pain, qu'elle avait mise dans la bouche avant de s'asseoir, craquait sous la dent).
- Regarde ! fit Christine en montrant une cacahuète prise entre le pouce et l'index. C'est comme Penny Fitzgerald, la cacahuète du monde incroyable de Gumball, n'est-ce pas ?
- Tout à fait, dit Sarah.
Elle est aussi pom-pom girl et Gumball n'a d'yeux que pour elle, se dit-elle.
La bouche pleine de deux ou trois autres cacahuètes, Christine quitta le lit puis elle reprit sa place avec un stylo Bic bleu et un cahier.
- Peux-tu m'aider à faire un devoir ? demanda-t-elle. Il s'agit d'un exercice de mathématiques.
Elle ouvrit le cahier en le feuilletant nerveusement.
- Je trouve de la difficulté, se plaignit-elle à sa mère, à assimiler les mathématiques. En classe, j'ai du mal à comprendre ce que ma maîtresse explique,...et puis sa façon d'enseigner ne me sourit guère.
Sarah eut un sourire moqueur.
- Fais-moi voir ton exercice, fit-elle.
La petite princesse dorée lui tendit le cahier ouvert.
- Ceci et cela, dit-elle en indiquant du doigt deux pages.
Sarah jeta un coup d'œil sur ces deux dernières puis, d'une main douce, elle amena sa fille à ses côtés.
- T'en fais pas, dit-elle en la caressant affectueusement dans le bras, la serrant contre elle. Moi aussi, j'étais comme toi. J'ai eu de la difficulté à comprendre les cours de mathématiques, mais j'ai réussi à la surmonter par la suite, en me donnant beaucoup de peine.

Ces derniers mots éveillèrent chez la fille le sentiment clair et lucide du calvaire de sa mère lorsque celle-ci était élève à l'école primaire de Helman.
Ma mère, à mes yeux, un modèle de lutte et de patience.
L'exercice était en fait sur la soustraction. On demandait à effectuer la soustraction posée des nombres entiers et décimaux.
La mère prit le stylo et, esquissant un sourire:
- Je te demande maintenant de prêter attention. Je vais juste t'expliquer ce qu'est la soustraction avec un petit exemple, mais ensuite c'est toi qui vas essayer de faire l'exercice tout en te forçant les méninges.
- D'accord, fit Christine, un peu gênée.
Après les quelques minutes qui suivirent l'explication, Sarah se montrait beaucoup plus indulgente que sévère pour sa fille. On faisait l'exercice au fur et à mesure qu'elles mangeaient. Après plus d'une bonne heure, Christine, fatiguée, bâilla de sommeil en disant :
- Je crois devoir m'arrêter là.
- Mais on n'a pas encore fini l'exercice. On a à peine terminé une demi-page.
- Oui, je sais. Ce n'est pas grave. Je vais dire à ma maîtresse que j'ai eu une migraine si intense que je n'ai pu faire tout l'exercice.
- D'accord, fit la mère.
Elle ramassa les deux assiettes, presque vides, comme si l'on les avait léchées. Sa fille l'accompagna dans la cuisine pour l'aider à faire la vaisselle.
Une fois cette dernière finie, elles regagnèrent la chambre où elles s'apprêtaient pour dormir en ôtant leurs vêtements et en mettant leur chemise de nuit de même couleur.
Pourtant, avant de se coucher, la mère lisait à sa fille "Rapunzel's revenge" de Shannon Hale, depuis la deuxième semaine de la rentrée scolaire. Christine avait emprunté le livre chez la librairie de l'école. On lui lisait seulement une page par nuit.
Sarah se souvint très bien de la nuit où elle avait commencé la lecture du premier chapitre de ce roman graphique à sa fille dont les regards se fixèrent sur elle en l'entendant dire la phrase suivante :...or the woman she thought was her mother.
Épargne-moi ces regards. Je suis ta mère biologique. Tu es la plus belle chose qui me soit jamais arrivée.
Et pour faire donner à l'enfant une de ces leçons des plus instructives à domicile, il faudrait lui lire "Calamity Jack" de la même autrice. Bien que physiquement différents l'un de l'autre, Jack du récit et Jack Leaderway avaient tous deux un vice commun : swindle. Fallait-il un vrai Blunderboar pour que, finalement, Jack Leaderway soit généreux, charitable et honnête ? Mais, vu le caractère indomptable de ce dernier, peut-être ne cherchait-on qu'à se faire des illusions.
La lumière éteinte, Sarah et Christine dormaient. À la différence de la majorité des Américains, elles ne se douchaient pas tous les jours puisque,

scientifiquement prouvé, prendre une douche quotidienne nuit au corps. (Sarah se réveillait la nuit puisqu'elle avait un besoin fréquent d'uriner; il y avait un petit seau dont elle avait l'usage sans avoir besoin d'aller aux toilettes).
Cinq heures plus tard, la porte de la maison s'ouvrit. Un meuble qu'on avait chahuté réveilla Sarah. *Allons bon ! voilà que ça recommence !* C'était sans doute le lampadaire. Elle sortit du lit. Dans le noir, sans allumer la lumière afin de ne pas déranger le sommeil tranquille de sa petite princesse dorée, elle quitta la chambre et descendit les marches. Depuis le palier, elle remarqua que le lampadaire et la télé étaient allumés. C'était lui, son père. Curieuse, elle descendit encore les marches, feignant d'avoir besoin d'aller aux toilettes, pour voir de plus près ce que son père regardait sur la télé. *Les Simpson !*

Les Simpson; oh ! quelle famille américaine !
Voilà Homer, Marge, Maggie, Lisa et Bart;
Tous formaient bien une famille américaine
Typique et si bizarre.

Homer, responsable de la sécurité
À la centrale nucléaire de Springfield, poste
En contradiction avec sa légèreté.
Une idée si idiote.

Sa femme, Marge, stéréotype de la mère
Au foyer; épouse fleur bleue mais attachante.
"Bart, Lisa et Maggie, dit-il, qui me sont chers,
Sont mes enfants qu'on chante".
Bart était un fauteur de troubles de dix ans;
Maggie, un bébé qui, suçant une tétine,
Ne parlait pas et Lisa, surdouée, de huit ans,
Évoquait Lamartine.

Hé ! hé ! Aussi étonnant que cela paraisse,
Homer était un idiot à cause d'un crayon
Dans le cerveau depuis l'enfance. "Ça me blesse
La foi" dit un croyant.

Oui, Homer était aussi obèse que Jack
Qui aimait boire aussi des bières, mais pas
Devant la télé, par crainte d'une remarque
Qu'il ne souhaitait pas.

Hélas ! le lampadaire allumé dans le noir !
Voilà Jack Leaderway qui venait de s'asseoir,

Regardant la télé, carrure impressionnante.
Dire qu'il était comme une armoire luisante !
Sous son poids, il s'affaissa sur le canapé;
Si ventru, grâce à tel ou tel bien usurpé,
Que les quatre pièces coudées en équerre
Risquaient de se détacher et tomber par terre.
Un coup juste serait un jour sur les battants,
Le châtiant pour ce qu'on l'exécrait en tout temps.

Chapitre 5

Il était sept heures et quart du matin quand Sarah s'éveilla en entendant la sonnerie de son téléphone portable. Une sonnerie douce et caressante. Elle s'étira, bâilla et sortit de son lit. Elle alluma la lumière et alla se pencher vers sa fille en lui murmurant à l'oreille:
- Ma petite princesse dorée, réveille-toi ! C'est l'heure d'aller à l'école.
Christine ouvrit les yeux en s'étirant. Puis, faisant des grimaces en signe de mauvaise humeur:
- Mais maman, il est trop tôt pour me réveiller.
- Il est sept heures et un bon quart. Tu as l'école dans une heure, temps de te laver la figure et de te changer. Allez !
La mère la prit dans ses bras et sortit de la chambre. Elle descendit les marches, la fille bâillant de sommeil dans ses bras. La mère entra dans la salle de bains. Puis, mettant la fille debout, elle entreprit de lui éclabousser le visage d'eau du lavabo, tout en lui inclinant la tête vers la cuvette.
Au bout de quelques instants, la petite princesse dorée se sentait complètement éveillée. Elle sortit de la salle de bains, laissant sa mère dedans. Elle monta les marches de l'escalier vers la chambre où elle ôta sa chemise de nuit et mit un tee-shirt avec son jean. Puis, remettant ses affaires dans son cartable, elle sortit de la chambre. Elle redescendit au salon où elle mit ses espadrilles. Son cartable sur son dos, elle attendait la sortie de sa mère de la salle de bains.
En effet, Sarah restait souvent dans le cabinet de toilette assez de minutes pour vider sa vessie, peut-être que cela indiquait qu'elle était atteinte du diabète ou bien qu'elle avait un problème au niveau de la vessie. Elle souffrait parfois d'un besoin d'aller à la selle, avec des douleurs accompagnant la diarrhée. S'agissait-il d'une de ces maladies inflammatoires du côlon ? Elle n'avait pas encore consulté un médecin.
Elle sortit de la salle de bains. Elle avait l'air un peu embarrassée ce matin. Sa fille, debout, voulait qu'on la peigne. La mère, un peigne à la main, se mit à peigner ses cheveux lisses.
- Maman ?
- Oui ?
- Tu as eu l'air fatiguée, le visage pâle en sortant de la salle de bains.
- T'inquiète pas, c'est juste un léger malaise.
- J'entends habituellement des bruits semblables à des ronflements. D'où viennent-ils ?
La question attendue ? La voilà enfin ! Évidemment !
- C'est ton grand-père qui ronfle, répondit Sarah.
- Mais où est-il ? Je ne le vois pas.
- Il dort sur le canapé.

Incrédule, Christine fit un pas en avant en se dressant sur la pointe des pieds, la mère la peignant toujours.
- Oui, tu as raison, fit la fille avec un sourire moqueur.
- Te voilà prête à partir, dit la mère en lui donnant un baiser affectueux sur la joue.
La petite princesse dorée fit de même. Puis, elle sortit. Elle partit en vélo. Mais cette fois, seule, sans sa mère et sans prendre le petit déjeuner, car c'est à l'école qu'on lui servit les deux repas de la journée. Ainsi, on dispensait la mère de petit déjeuner et de déjeuner sauf le dîner.
Maintenant que sa fille était sortie de la maison, Sarah était seule avec son père qui ronflait sur le canapé. Après une moue de dégoût pour ce vil ronfleur, elle remit le peigne en place dans la salle de bains et quitta le salon en montant vers sa chambre où elle s'allongea sur son lit. Elle se prit alors à ressasser les paroles qu'elle avait entendues en rêve :

Sarah ? Es-tu si faible que l'âge te glace ?
Tu es en proie à bien de choses de malheur;
Ainsi tu ne portes pas quelqu'un dans ton cœur;
Quoi qu'il en soit, il faut voir les choses en face.

Ô désespoir, ô tristesse, ô désagrément !
Je regrette bien de l'avoir fait avec zèle,
Avec beaucoup de dévouement comme une telle,
D'avoir mis ton père ingrat sur mon testament.

Je pousse des cris de ma dernière demeure,
Des cris plaintifs d'une femme qui souvent pleure.
Je caresse complaisamment un rêve amer :

Celui de si bonne équité et de justice,
Aussi tardives, je crois. Dieu vous soit propice ! :
Toi, ta fille et ta mère au visage si cher...

La sonnerie du téléphone portable arracha Sarah à sa rêverie. On n'avait pas désactivé l'alarme. En effet, on entendait cette dernière du moment où Sarah revenait s'allonger sur son lit quelques bonnes minutes après son réveil puisqu'elle aimait qu'on la *galvanise* ! Elle sortit de la pièce et se dirigea vers le salon en redescendant les marches, toujours en chemise de nuit. À l'étagère de sapin, parmi d'autres romans, elle prit "The Silence of the Lambs" de Thomas Harris. Quel livre ! Quelle manière de commencer la journée ! D'ordinaire, les femmes américaines commencent la journée en lisant des magazines tels que Harper's Bazaar, InStyle, W magazine, etc.

Sarah préférait s'asseoir sur le canapé du salon et lire. Mais en voilà Hannibal le Cannibale occupant le canapé ! Ce ronfleur qui, à la différence de celui du roman, mangeait la chair humaine en s'appropriant sans droit, par la fraude, les biens.
Elle pouvait lire en s'asseyant sur l'une des quatre chaises mais, de peur de réveiller son père en allumant la lumière, elle n'avait pas le choix : elle devait alors regagner sa chambre sans fenêtres et lire sous la lumière du lustre à lames.
Elle avait déjà lu le roman, mais elle aimait bien le lire et le relire car c'est le style de l'auteur qui l'attirait plutôt que l'histoire.
Elle avait passé trois bons quarts d'heure à lire en s'arrêtant au passage suivant :
"Gumb se servit du gant pour fourrer son pénis et ses testicules entre ses cuisses. Il tira le rideau et se regarda dans le miroir en prenant une pose déhanchée, bien que cela écrasât douloureusement ses organes sexuels.
« *Do something for me, honey. Do something for me SOON.* » Il se servait du registre le plus aigu de sa voix, naturellement grave, et croyait que c'était mieux ainsi. Les hormones qu'il avait prises- du Premarin durant quelque temps, puis du diéthylstilbestrol, par voie orale- ne pouvaient rien pour sa voix, mais elles avaient un peu éclairci les poils sur ses seins qui s'arrondissaient. Un traitement électrolytique avait débarrassé Gumb de sa barbe et dessiné ses cheveux en V sur le front, mais il ne ressemblait pas à une femme. Il avait l'air d'un homme qui se battrait plutôt avec ses ongles qu'avec ses poings.
Il aurait fallu le fréquenter longtemps pour savoir s'il s'agissait d'une tentative sérieuse et maladroite pour changer de sexe ou d'une caricature haineuse. Mais personne ne le fréquentait jamais longtemps.
« *Watcha gonna do for meeee ?* »"
Elle referma le livre, le sourire aux lèvres. Elle sortit du lit, ôta sa chemise de nuit et mit les mêmes vêtements que la veille. Puis elle redescendit au salon où elle remit le livre en place et subtilisa quelques dizaines de dollars au portefeuille de son père, ainsi que les clefs de voiture.
Puis elle mit ses espadrilles, prit les clés de la maison et sortit en refermant doucement la porte derrière elle.

Chapitre 6

Il fait beau aujourd'hui, se dit-elle en s'exposant le visage à la caresse du soleil quelques instants, les yeux fermés. En rouvrant ces derniers, elle jeta un regard de hargne sur le Toyota Tundra. Elle ouvrit la portière et s'assit au volant. Elle se mit alors à parcourir l'habitacle du regard. *Un des habitacles les plus spacieux*. Elle referma la portière et mit la ceinture de sécurité. Elle fit glisser le siège un peu vers l'avant. Elle plaça le levier de vitesse au point mort. Puis, elle mit le moteur en marche en tournant la clé de contact. Le moteur commença à ronronner. Non, il ne ronronnait pas, mais plutôt ronflait. C'était un bruit sourd et régulier semblable au ronflement d'un dormeur, qui n'était point celui de cet ingrat, ce ronfleur sur le canapé. Le bruit du moteur devenait de plus en plus fort, par caprices, par le plaisir de Sarah, aiguillonnant à plaisir cette haine qu'elle nourrissait.

Elle voulait maintenant aller en quatrième vitesse, au volant de ce maudit Toyota Tundra qui coûtait bien soixante bons milliers de dollars. Elle démarra le véhicule. Écumant de rage, elle fit rouler trop vite les roues vers l'arrière avec force, entraînant ainsi un crissement des pneus sur le sol. D'un bond, comme une licorne ailée se cabrant, le véhicule sortit de la piste comme une trombe, faisant un dérapage sur la route glissante. À présent, Sarah ne demandait qu'à prendre de la vitesse le long de la rue Helman jusqu'à ce qu'elle se trouve à un carrefour. Ce faisant, elle choisit enfin LithiaWay menant vers Boulevard Siskiyou. C'était également une occasion de laisser le véhicule en panne d'essence du moment que Jack partirait en voiture après son réveil en fin de matinée.

Pour cela, la conduite de Sarah était désormais sans régulateur de vitesse, ce qui entraînait une consommation très importante d'essence, une consommation sans discernement, comme Jack, habitué de tel ou tel lieu où l'on consommait sans discernement. Au bout d'une bonne heure, Sarah décida de retourner, pas à la maison, mais à N Main street, là où elle aimait prendre le petit déjeuner, au Brothers', le restaurant qu'elle fréquentait.

Une fois arrivée, Sarah s'efforçait tant bien que mal de se garer. Il y avait deux voitures devant elle. Elle se demanda comment faire pour se garer juste derrière. La tâche semblait un peu difficile puisqu'elle risquait de heurter l'arrière du véhicule, chose qu'elle ne voulait point arriver ce beau matin. Elle respira profondément et expira lentement pour essayer de prendre courage. Maintenant qu'elle se sentait prête, elle fit reculer le Toyota Tundra vers un petit arbrisseau puis, avec force, elle se mit à se rapprocher peu à peu de l'arrière du véhicule. Elle avait failli le heurter ! Enfin après diverses tentatives, elle avait réussi à se garer.

Elle ouvrit la portière, sentant un courant d'air frais lui rafraîchir le visage, lui enlevant ainsi une certaine brume. Elle sortit du véhicule et s'étira en refermant la portière du pied. Elle faisait agiter ses bras avec des mouvements de bas en haut et de droite à gauche à mesure qu'elle s'approchait de la porte d'entrée du restaurant à pas lents et assurés. Un homme qui venait de sortir du restaurant esquiva de justesse une légère claque sans rien dire. *Oh ! sorry*. Elle entra en poussant la porte en avant mais, voyant un vieux couple derrière elle, elle tenait la porte ouverte de sa main jusqu'à ce que la vielle dame et son époux entrent à pas de loup en remerciant la jeune femme affable, qui afficha son sourire aimable.

Chapitre 7

Brothers' était un restaurant d'une bonne réputation parmi les autres, du voisinage, depuis 1976, l'année de sa construction.
L'intérieur était peint en camaïeu. Le décor était magnifique. À le voir, On dirait une grande salle à manger avec un escalier menant à la plate-forme. Il y avait peu de tables, presque trois ou quatre, alignées contre le mur, avec quatre chaises pour chacune d'elles, sans compter celle qui, à deux chaises, touchait bien le comptoir d'en face. Il y avait des tableaux qui décoraient le mur, juste au-dessus des tables. Ils représentaient des paysages relatifs à la nature en Chine et des portraits des personnages chinois, dont Mao Zedong, le fondateur de la république populaire de Chine. On se demandait pourquoi mettre de tels tableaux et portraits dans un restaurant situé dans une ville américaine. Peut-être Brothers' voulait-il rendre hommage à la personnalité politique, sachant que la cuisine chinoise était une des plus réputées au monde, et sans doute celle qui comportait le plus de variations.
Sarah était désormais à table. La table à deux chaises ! C'était sa place préférée, ou plutôt celle où elle prenait plaisir au bruit de la cafetière à filtre, du presse-fruits et du coup de feu.
La serveuse l'avait vue entrer en la gratifiant d'un large sourire. Elle la considérait comme sa sœur, puisqu'elles s'entendaient bien. En plus, Sarah n'avait d'ailleurs ni frères ni sœurs. Mais, au Brothers', elle se sentait comme parmi ses frères, d'où le nom "Brothers", judicieusement choisi, tant que l'ambiance le favorisait.
À sa gauche, il y avait un portrait photographique, collé au comptoir. C'était celui d'Abel Dougherty Helman, le premier pionnier d'Ashland. Rien d'étonnant à ce qu'un tel portrait soit parmi d'autres, ainsi mis au mur.
Accoudée sur la table, elle était en train de contempler la figure du coin de l'œil quand la serveuse, déjà debout, la surprit en souriant:
- Bonjour, Sarah ! Comment allez-vous ?
Si absorbée par le portrait, Sarah eut un mouvement machinal du corps, comme pour éviter un certain dérèglement de l'esprit, la privant ainsi d'un moment d'admiration.
- Je tiens le coup ! répondit-elle, les yeux vite tournés vers la serveuse.
- Et madame Leaderway, comment se porte-t-elle ?
- Toujours en réanimation.
- Elle *nous* manque. Espérons qu'elle guérira.
- Merci.
Après un sourire en guise de "Je vous en prie !", la serveuse alla faire le service. En attendant la préparation du petit déjeuner favori, Sarah aimait bien voir la serveuse en train de servir les autres clients tout en jetant sur elle des regards

gourmands. En réalité, voir cette trentenaire quand elle se penchait flattait les yeux par l'harmonie des lignes de cette partie du corps, laquelle faisait allusion à une plaine, parfaitement symétrique, avec cette tranchée pratiquée en long.
Voilà la jeune femme en question, apportant une assiette et une bouteille d'eau minérale gazeuse.
- Bon appétit, dit-elle une fois ces deux dernières disposées sur la table.
Sarah la remercia.
C'était breakfast burrito. Elle le prenait tous les matins (excepté le samedi et le dimanche), non parce qu'il était bon, mais parce qu'il contenait, entre autres, Jack cheese.
Elle voulait maintenant le dévorer avec toute la haine qu'elle nourrissait. Elle prenait plaisir à le faire, comme une lionne en train de se régaler, en prenant son temps.
En réalité, Sarah se sentait tellement triste et affligée quand elle voyait, tout en mangeant, la chaise vide en face d'elle, sur laquelle sa mère s'asseyait (avant de tomber malade) en prenant toutes deux le petit déjeuner, l'air gai et réjoui.
Au bout d'une bonne heure, elle se leva, paya (en laissant un pourboire sur la table) et sortit en faisant au revoir de la main à *tout le monde*.

Chapitre 8

Elle se sentait complètement rassasiée. Elle tapotait légèrement son ventre à petits coups comme si elle cherchait à détecter quelque chose. Elle se mit alors à avoir des éructations plus ou moins bruyantes. C'était peut-être à cause de l'eau minérale gazeuse; donc il ne s'agissait en rien d'un repas léger du matin.
Elle avait l'impression qu'elle avait du mal à digérer ce breakfast burrito. Peut-être n'était-ce pas ce Jack cheese qui, avec la froideur qu'il offrait, pouvait être à l'origine de cette sensation anormale. *Sa froideur envers nous, je ne peux pas la digérer*, se dit-elle en pensant à son père.
Elle était désormais debout devant le véhicule de ce dernier, ce Toyota Tundra, sur lequel elle jeta un regard noir, enfin plutôt courroucé. Elle ouvrit la portière et s'assit au volant. Après quelques instants, elle se mit à faire des rots si gros que tout l'habitacle semblait embaumé. Elle referma la portière. *Ça sent bon.* Elle fit glisser le siège un peu vers l'arrière sans mettre la ceinture de sécurité, afin de se sentir à l'aise, laissant ainsi son estomac tout à fait libéré.
Elle profitait de cette posture ainsi procurée pour se délecter de la vue de la façade du restaurant, ainsi que de la terrasse, à trois tables avec deux chaises chacune, occupée par un seul vieux. Sarah avait un faible pour les vieux et les vieilles. Elle les trouvait sympathiques, drôles, naïfs et surtout candides. En affichant un sourire qui témoignait d'une bonne entente, tout en pensant à eux, elle plaça le levier de vitesse au point mort. Puis, elle mit le moteur en marche en tournant la clé de contact. Elle démarra le véhicule. En quittant N Main street, elle voulait encore se promener au volant de ce maudit Toyota Tundra, bien entendu, sans régulateur de vitesse pour entraîner encore plus de consommation d'essence.

Après une bonne heure et demie, elle décida de s'en retourner. Arrivée, elle se gara en face de la porte d'entrée de la maison. Elle entra à la maison, remit les clés de la maison en place, ôta ses espadrilles, les remit en place. Son père Jack dormait encore d'un sommeil de plomb. Elle remit d'abord subtilement les clés de voiture dans la poche de son père puis elle tira les rideaux pour laisser passer la lumière du soleil de la fin de cette matinée.
Elle était énervée, furieuse, hargneuse, et, qui pis est, elle avait besoin d'aller à la selle. Elle se précipita vers la salle de bains. Quel scandale ! À peine avait-on baissé le jean qu'on le trouva déjà tacheté. On entendait même aussi des vents accompagnés d'un bruit sourd et prolongé semblable à un meuglement. Après une bonne demi-heure, elle sortit de la salle de bains, l'air crevée, pâle, embarrassée. Elle avait eu la diarrhée accompagnée d'une douleur dont elle connaissait très bien le siège et ce Jack cheese en était sûrement la cause.
Elle monta les marches de l'escalier vers la chambre où elle ôta le jean tacheté en le jetant cette fois sur son lit. Elle mit un autre jean. Puis elle se jeta sur son

lit. Après quelques minutes, elle se dressa avec peine sur son séant, lâcha un rot spontané et sortit du lit. Elle quitta la chambre.
Elle descendit au salon où elle ferma les rideaux et alluma la télé. Prenant place sur le canapé, elle regardait l'actualité, commentée toujours par ce reporter de la veille, avec un débit rapide. Après plus de deux heures devant la télé, elle bâillant à se décrocher la mâchoire et éteignit la télé. Elle s'apprêtait pour sortir, s'étirant, bâillant de plus belle. C'était l'heure d'aller amener sa fille de Helman Elementary School.
C'était le jeudi, sa petite princesse dorée sortait de l'école vers quinze heures. Elle voulait bien aller l'amener de l'école, mais il n'y avait pas de vélo, Christine l'avait pris. Et puis ? Pourquoi ne pas aller à pieds ? C'est peut-être même bon pour cette maladie du côlon, sans oublier de boire suffisamment de l'eau en plus. Elle remonta les marches vers la cuisine où elle but de l'eau du robinet, remplissant le verre quatre ou cinq fois. Puis elle sortit de la cuisine et redescendit au salon où elle mit ses espadrilles, prit les clés de la maison et sortit en refermant la porte derrière elle.

Chapitre 9

Il fait soleil, se dit-elle. Elle se mit à jeter des coups d'œil sur les façades des domiciles du voisinage tout en marchant, suivant sur l'étendue de gazon le bord de la rue. Elle rencontrait rarement ses voisins sur le chemin, puisque ceux-ci se montraient distants. Peut-être qu'on prend les Américains pour "stand-offish" en raison de leur mode de vie et la culture dominante.

Elle marchait désormais à pas plus ou moins accélérés, puisque la marche rapide était bon pour l'inflammation du côlon et, qui plus est, elle diminuait les risques d'une crise cardiaque. Ainsi, Sarah pouvait mieux se délecter des beautés de cette ville, en quelque sorte. Après une heure et demie de marche, elle arriva. Mais, cette fois, en retard de quelques bonnes minutes.

La voilà, sa fille Christine, seule avec le vélo, devant l'école. Elle avait déjà su que sa mère serait là pour l'amener, à juste titre d'ailleurs, car celle-ci était toujours poussée par son instinct maternel.

La fille semblait heureuse de voir sa mère pour qui elle avait autant d'affection. Après l'avoir aidée à s'asseoir à l'arrière du vélo avec un baiser affectueux sur la joue, Sarah repartit. Comme toujours, sur le chemin du retour, juste à une trentaine de mètres de la maison, il y avait cette pente à monter, assez forte. Mais c'était aussi bon pour le cœur et cette maladie du côlon.

À leur arrivée, Sarah remit le vélo en place avec son antivol bien fermé puis elles entrèrent dans la maison en refermant la porte. Sarah remit les clés de la maison en place, ôta ses espadrilles, les remit en place et se dirigea vers la salle de bains; Christine ôta à son tour ses espadrilles, les remit en place et monta les marches de l'escalier en courant vers la chambre où elle se jeta sur son petit lit en faisant des gambades, comme la veille. Enfin, voilà la mère qui entra dans la pièce en s'allongeant sur son lit, jetant la serviette, oubliant sa fille.

Celle-ci faisait toujours ses gambades quand elle remarqua que le jean tacheté traînait sur le lit de sa mère. D'un bond, elle quitta son petit lit et s'empara du jean. Puis, étrangement étonnée:

- Maman ?
- Oui ?
- Qu'est-ce que c'est ?

Sarah tourna les yeux vers son jean entre les mains de Christine. Elle ne savait quoi dire, mais elle devait répondre même si elle se sentait un peu désorientée:

- Ce n'est *rien*.
- Hum ! tu as eu la diarrhée ce matin ?
- Et alors ?

Christine jeta le jean et s'allongea à son tour aux côtés de sa mère, posant une main sur le torse comme pour exprimer son attachement. Elle resta ainsi quelques bons moments. Rien de tel que la douceur de la mère pour vivre le vrai bonheur. Après avoir goûté ce dernier avec plaisir, Christine cherchait encore à

satisfaire son désir inassouvi. Pour cela, elle passa par-dessus sa mère pour atteindre l'armoire, toujours ouverte, dans laquelle elle prit une enveloppe en papier. Elle reprit sa place en repassant par-dessus sa mère.
- Maman ?
- Oui ?
- Je veux bien que tu me remontres les photos.
Les yeux fermés, Sarah semblait un peu fatiguée, mal à l'aise et pourtant consciente de ses obligations envers sa fille. Elle se dressa avec peine sur son séant. Elle rouvrit à demi les yeux en poussant un profond soupir qui témoignait qu'elle était bien souffrante.
- Passe-moi l'enveloppe, dit-elle en tendant la main, se sentant les paupières lourdes.
- Tiens ! lança Christine en glissant l'enveloppe dans la main de sa mère.
Celle-ci, comme sous hypnose, posa brusquement l'enveloppe sur le lit et se mit à en sortir avec nonchalance les photos une par une. Christine, exaltée, était déjà en train de faire le tri des photos au fur et à mesure qu'on les posait.
- Voilà la photo qui m'intéresse le plus, dit-elle.
La mère, devenue excitée, dirigea aussitôt son regard vers la photo qu'elle prit de la main de sa fille pour la voir de plus près. Puis, après avoir jeté un regard étrange sur la photo, elle eut un sourire gêné en bégayant :
- C'est... c'est... euh... c'est peut-être la plus ancienne. Je crois qu'on l'a prise quand j'étais élève en classe de troisième.
La petite princesse dorée pencha la tête pour mieux voir de ses yeux de myope ces gosses de son âge qui avaient tous l'air folâtre, avec leur posture, comme une équipe de football en pleine nature.
- Te voilà ! dit-elle en désignant du doigt une svelte petite gamine, au visage plutôt émacié, dont seul le buste paraissait par-dessus l'épaule d'un géant petit garçon, accroupi.
Sarah pencha lentement la tête puis, rapprochant la photo de ses yeux, elle se mit à écarquiller ces derniers, comme étonnée de ne pas se reconnaître dans la petite nature qu'elle fixa d'un air étrange.
- Ta maman était toute malingre, hein ? Tu vois ? demanda-t-elle d'un ton sarcastique.
- Eh, eh ! elle avait l'air aussi égrotante !
Consciente qu'il fallait parfois peser ses mots, la petite princesse dorée fit des yeux en coulisse, se mordant la langue; la mère la regarda bien en face, avec des yeux expressifs, mais pourtant doux, étincelants de tendresse.
- Ah ! tu n'as pas tout à fait tort ! dit Sarah en poussant Christine du coude, comme si de rien n'était, avec un sourire de connivence.
- Regarde-moi ces petits mutins ! ajouta-t-elle, comme si elle cherchait à inviter sa fille pour qu'elle mette de l'ambiance.

La fille semblait s'en animer, les yeux rieurs. Elle mit quelques instants à fixer ces derniers sur la photo, dans l'intention de prendre de l'assurance, avant d'ouvrir enfin la bouche :
- Tes cheveux étaient drus, sais-tu.
Sa voix toute basse, douce, émouvante, dénotait d'une innocence pure, sans défiance; ce qui poussa la mère à se laisser attendrir, la serrant chèrement contre elle, avec une grosse bise vorace et étouffante.
- Quelle crinière ! dit-elle, visiblement en admiration devant la chevelure encadrant le petit visage rond.
- Je me demande un peu pourquoi les avoir laissés ébouriffés qu'ils étaient ! remarqua Christine.
Être d'une telle tournure était une monomanie, se dit Sarah.
Cette phrase devrait avoir une nouvelle tournure, d'autant plus que les deux termes "tournure" et "monomanie" étaient tombés en désuétude comme la coupe de cheveux sur la photo.
- Bah ! c'était mon look à l'époque, dit-elle avec un haussement d'épaule.
Christine la regarda d'un air naïf puis, la curiosité toujours attisée :
- C'est qui ?
Sarah approcha la photo de ses yeux et dévisagea un instant la personne désignée du petit doigt de sa fille.
- C'est Emily.
- Elle était blonde, dit Christine, comme Cathy, ma copine de classe, mais beaucoup plus grosse, du moins elle le paraît.
Elle avait un caractère exubérant, se dit Sarah.
La mère, qui veillait à ce que sa fille apprenne plutôt que de la laisser perdre son temps à des fadaises, retroussa ses manches à la manière d'une préceptrice se préparant à semer le bon grain.
Elle leva au ciel la photo comme pour tirer sa fille par la manche.
Puis, faisant un cylindre de la photo :
- Vois comme elle est maintenant !
La fille crut un instant qu'il s'agissait d'une leçon de mathématiques.
- Tu vois encore la blonde ? demanda la mère tout en tenant la forme cylindrique par l'extrémité et tout en la faisant voir de tous les côtés.
La fille secoua la tête.
Après tout, on rentre dans le néant, se dit-elle.
- Maintenant, regarde ça ! fit la mère en invitant sa fille à regarder à travers la cavité exposée au jour du lustre à lame.
- Il est lumineux, dit la fille.
- Disons un éclat rejaillissant. En effet, pour conclure, je t'ai donné cet exemple pour matérialiser une idée selon laquelle le reflet de l'âme est le fond et non l'apparence.
Sur ce, la mère toucha du bout du doigt le nez de sa fille en esquissant un sourire et sortit du lit. La fille la suivit des yeux jusqu'au moment où elle disparut.

Tu parles d'or, maman, et je me tiendrais à tes idées.
Au bout de quelques instants, Sarah arriva avec deux assiettes contenant chacune une banane, une biscotte, un couteau et une fourchette.
- Débarrasse le lit des photos, ordonna-t-elle en se tenant debout, l'air impatient.
Docile, Christine se mit tout aussitôt à ramasser les photos et, avec la rapidité de l'éclair, à les mettre sans soin dans l'enveloppe tant que sa mère n'avait qu'une hâte.
- Et ton jean ? demanda Christine.
Sarah en fut interloquée, mais enfin elle n'avait pas à en rougir.
- Jette-le dans l'armoire, fit-elle par simple animosité.
Christine prit le jean entre le pouce et l'index comme si elle l'avait en exécration et la rejeta, comme de rebut, par le plaisir. Puis elle remit l'enveloppe en place.
La mère posa les deux assiettes sur le lit et y prit place en croisant les jambes.
La fille s'assit en face d'elle, tout agitée. Revenue de son état d'exaltation, elle se rappela à l'abord leur série d'animation favorite à la vue de la banane.
- Il paraît clair qu'on a raté " Le monde incroyable de Gumball ", dit-elle.
- Non, pas possible ? s'étonna Sarah. Tu crois qu'on pourrait rattraper l'épisode d'aujourd'hui?
- En tout cas, c'est l'une des séries à n'en plus finir.
- Hé oui ! dit Sarah en prenant sa biscotte. Goûte-y.
Christine prit la sienne et se mit à casser la croûte du bout des dents.
- Elle est miellée ? demanda-t-elle.
- Oui, répondit Sarah. On y a ajouté un peu de miel, qui est bon pour chasser les idées noires.
- Ah bon !
Toutes deux chipotaient. Comme c'était fastidieux et sans plaisir, Christine laissa son grignotement et prit sa banane qu'elle était sur le point de peler quand la mère l'empêcha d'une main prompte.
- Non, pas comme ça. Tu veux ressembler à un singe ?
- Tu veux dire comme Mademoiselle Simian ?
- Oui, disons comme elle, dit la mère, un couteau à la main. Voilà comment on coupe la banane : d'abord on coupe les deux extrémités comme ça (sa fille la suivit avec intérêt). Ensuite, on tranche la banane dans la longueur pour enlever la peau plus facilement. Puis, on coupe de toutes petites tranches comme ça. Enfin, on mange le tout avec une fourchette. C'est bon.
La fille regardait sa mère se régaler.
- Peux-tu couper ma banane comme tu viens de le faire ?
La mère prit la sienne et se mit à la couper en suivant les mêmes étapes.
- Tiens ! fit-elle.
La petite princesse dorée prit sa fourchette et se mit à manger sa banane.
- C'est bon.

Toutes deux mangeaient. Une fois le déjeuner pris, Sarah ramassa les deux assiettes et quitta la chambre pour les poser dans la cuisine.
Christine sortit de la chambre et descendit les marches de l'escalier vers le salon où elle alluma la télé et s'assit sur le canapé.
Voilà sa mère venir la rejoindre en prenant place à côté d'elle sur le canapé.
Toutes deux regardaient la télé jusqu'à ce que la nuit tombe. En atteignant la télé, elles montèrent les marches de l'escalier vers la chambre où Sarah aida sa fille à faire son devoir. Puis elle lui lut une page de "Rapunzel's revenge" avant de ôter leurs vêtements et mettre leur chemise de nuit pour dormir.

Chapitre 10

Le surlendemain, où il n'y avait pas d'école, Sarah et Christine firent la grasse matinée. Il était onze heures et quart quand Sarah ouvrit les yeux sans le réveil du portable qu'elle n'avait pas réglé à l'heure ordinaire.
Elle s'étira, bâilla et sortit de son lit. Elle alluma la lumière et alla se pencher vers sa fille en lui murmurant à l'oreille:
- Ma petite princesse dorée, réveille-toi ! Aujourd'hui, on va rendre visite à ta grand-mère.
Christine esquissa un sourire radieux, les yeux toujours fermés. Elle semblait être dans une bonne lune. Elle ouvrit à demi les yeux en souriant à sa mère qui lui fit un baiser tendre puis elle quitta la chambre, la laissant sortir du sommeil peu à peu. Au bout de quelques minutes, la mère arriva avec un plateau contenant une omelette baveuse, du pain frais et deux verres de lait. Elle posa le plateau sur le lit et y prit place.
- Allez ! dit-elle en tapotant les pieds de sa fille qui se dressa aussitôt sur son séant.
- J'espère que mon grand-père nous emmène à l'hôpital, dit Christine, histoire de voir sa femme, ma grand-mère, qui ne l'a pas vu depuis son hospitalisation.
- Pourquoi pas George, notre voisin ? suggéra Sarah qui s'humecta les lèvres.
- Il est très gentil, dit Christine, mais il nous a déjà emmenées deux fois dans sa voiture à l'hôpital, alors il fait beau le lui épargner cette fois si nous voulons le gagner.
- Ah oui ! dit Sarah en buvant un coup de trop.
- Tu ne manges pas, remarqua Christine qui avait déjà la bouche pleine.
- Je me sens ballonnée, dit Sarah.
- Hum ! ça peut être dû au lait bu à jeun ! dit Christine.
- Je ne sais pas, dit Sarah. Ne serait-ce peut-être pas le dîner d'hier ?
- Avec les aliments gras, c'est possible.
- Ah bon ! dit Sarah dont le ventre distendait de plus belle en faisant entendre des bruits propres aux flatuosités.
Elle s'excusa en grimaçant. Elle sortit doucement du lit, une main sur le ventre. Elle avança d'un pas. Elle se mit soudain à courir en descendant les marches et se précipita vers la salle de bain.
Au bout d'un bon quart d'heure, elle sortit de la salle de bain, l'air pâle et fatiguée. Elle monta les marches en s'aidant d'une main, allure qui témoignait combien elle était souffreteuse. Une fois dans la chambre, où Christine était en train de mâchonner une bouchée de pain, elle l'ordonna d'un ton grave de se changer vite. La fille s'exécuta. Elle ôta sa chemise de nuit et mit son tee-shirt avec son jean. Puis elle sortit de la chambre, laissant sa mère s'occuper de la vaisselle. La mère ramassa le plateau et alla le remettre en place dans la cuisine. Puis elle regagna la chambre pour se changer elle aussi en ôtant sa chemise de

nuit et en mettant son tee-shirt avec son jean. Puis elle quitta la chambre. Elle descendit au salon où elle mit ses espadrilles.
La petite princesse dorée était déjà debout, tout près de son grand-père qui dormait d'un sommeil de plomb. C'était la pénombre du salon, comme s'il s'agissait d'une scène où l'on n'attend que les lumières pour commencer. Sarah tira les rideaux. Au bout de quelques minutes, Jack ouvrit à demi les yeux en se défendant d'une main contre les rayons du soleil.
- Bonjour, pépé ! dit la petite-fille à la manière d'une hôtesse de l'air s'adressant à un passager.
Le grand-père ne répondit pas.
- Veux-tu nous emmener à l'hôpital ?demanda-t-elle.
Sans la regarder, Jack se dressa sur son séant et sortit du canapé en lui faisant signe que oui. Il sortit de la maison, suivi par sa petite-fille qui lui emboîta le pas par amusement, sans qu'il s'en rendît compte, jusqu'à ce qu'il ouvre la portière par laquelle elle se glissa pour s'asseoir sur la place arrière. Sarah prit les clés de la maison et, par défaut de volonté, referma avec nonchalance la porte de la maison derrière elle puis, à pas teintés de frissonnement, elle alla s'asseoir sur la place avant, la place du mort. Si ! si ! La place du mort puisque son père se tenait debout sur son siège quand il conduisait en roulant à tombeau ouvert. Tout le monde prêt (Sarah veillant à ce que la ceinture de sécurité les maintienne attachées à leur siège, elle et sa fille), le Toyota Tundra démarra. Tout le long du trajet, Jack et Sarah gardèrent le silence, sauf Christine, qui chantonnait "Shoo Fly, Don't Bother Me" de Larry Groce

Shoo fly, don't bother me,
Shoo fly, don't bother me,
Shoo fly, don't bother me,
For I belong to somebody !

I feel, I feel, I feel like a morning star
I feel, I feel, I feel like a morning star

C'était une chanson lourde de sous-entendus. Sarah en écoutait les paroles tout en regardant son père de temps à autre du coin de l'œil. Après moins de quinze minutes, les voilà arrivés là où se trouvait Asante Ashland Community Hospital, rue Maple. La voiture se gara tout près de trois arbrisseaux qui se dressaient, à l'écart de quelques bosquets d'arbustes agrémentant les entours de l'endroit, comme trois petits soldats en uniforme dans une posture banale. Jack descendit de la voiture et sa petite-fille sauta en trombe vers la portière ouverte puis elle se dirigea tout courant vers l'entrée de l'hôpital.
Une fois dedans, elle se trouva au milieu d'une dizaine de personnes, certaines assises, d'autres allaient et venaient. C'était l'heure de pointe. Un air d'espièglerie innocente dans le regard, la petite princesse dorée se mit à osciller sur place à

titre folâtre sous les yeux noirs de la Blanche, jeune et grosse, en blouse blanche, chargée de réception, au visage plein criblé de taches de rousseur, aux cheveux noirs et courts. Elle faisait semblant de lui être indifférente en s'occupant de quelque fiche, apportant une attention plus ou moins soutenue à tel ou tel individu.

Sarah entra seule à l'hôpital. Elle donna la main à sa fille en l'emportant comme une douce bourrasque, s'engageant ensemble dans un si étroit couloir. La grosse Blanche s'était contentée de leur adresser un sourire après un "Bonjour !" en les suivant des yeux jusqu'au moment où elles disparurent.

Après quelques minutes, Sarah et Christine s'arrêtèrent devant une porte entrouverte que Sarah poussa. Elles entrèrent sans frapper. C'était une chambre mal éclairée et mal aérée. Une forme semblait se fourrer dans des draps médiocrement blancs, peut-être du fait de l'usure. Sarah et Christine s'approchèrent doucement du lit qui, en l'état depuis toujours, donnait l'impression d'être "lit de parade" déplorable.

Prise de quelque angoisse, Sarah hésita en tendant une main tremblotante vers la partie haute du lit qu'elle voulut dégager des draps de lin. Elle jeta d'abord un coup d'œil à sa fille qui la regarda d'un air assuré puis, finalement, elle l'osa. Un visage pâle et tourmenté se montra. Il était aussi petit qu'émacié. Il avait des ridules au coin des yeux et sur le front. Un grisonnement sur des mèches rebelles se fit jour peu à peu. Les cheveux étaient hérissés, raides et argentés.

Les yeux fermés, la quinquagénaire semblait endormie. Sa respiration était à peine bruyante. Le mouvement de la poitrine, qu'on ne pouvait percevoir, était comme alternatif, selon le moniteur multiparamétrique d'anesthésie, lié au patient depuis la bouche par un tube endotrachéal. Il y avait aussi d'autres appareils propres à l'anesthésiologie. On dirait Doctor Octopus, du fait du nombre des tubes liés à la malade. Sarah se demanda pourquoi recouvrir, jusqu'à la tête, toutes les parties du corps de sa mère. Peut-être une des infirmières l'a-t-elle fait, par inadvertance, soupçonna Sarah.

Il n'y avait qu'une chaise dans cette chambre, à côté du lit. Sarah voulait en avoir deux, une pour elle, l'autre pour sa fille. *Une seule chaise, tant pis, je m'en arrangerai*. C'était une chaise simple en métal. Sarah la fit tourner un peu et s'y assit, portant sa fille sur la hanche. Madame Leaderway gisait sur son lit sous les yeux de sa fille et sa petite-fille. Celles-ci la regardaient désormais, la prenant en pitié.

Le cœur gros de tristesse, Sarah n'en pouvait plus de souffrance. Sa mère était là, atteinte du Guillain-Barré. Pour être en proie aux tourments, Sarah se laissa aller à ressasser des souvenirs. Des souvenirs d'enfance, de collège, de lycée et surtout de famille (dont le nombre étant douteux) qui venaient se superposer. La pénombre de la chambre permettait à Sarah de mieux se plonger dans ses réminiscences. Elle se représenta en esprit des images plus ou moins exactes, en noir et blanc comme en rêve.

Chapitre 11

Telle une lumière vive et soudaine dans l'univers, les images s'évaporèrent, arrachant ainsi Sarah à sa rêverie.
- Bonjour ! dit une voix d'homme depuis la porte.
Sarah tourna vite les yeux vers cette dernière contre laquelle un homme en blouse blanche se tenait debout. C'était un Blanc aux cheveux noirs et souples, au visage régulier. Il était à croquer avec ses beaux yeux. À le voir, on dirait l'acteur américain Keanu Reaves, même si ce dernier était un peu grand.
C'était le docteur John. Il venait d'allumer la lumière.
- Bonjour, docteur ! dit Christine en se dirigeant vers lui, l'air gai.
Le docteur John se mit à caresser ses cheveux, la serrant contre lui.
- Depuis quand êtes-vous ici ? lança-t-il en s'approchant, serrant toujours Christine contre lui. Mais cette fois, de plus belle.
- Depuis peu, répondit Sarah qui semblait esquintée.
Le docteur John se pencha vers la malade endormie en prenant le pouls.
- Est-ce que ma mère va-t-elle mieux, docteur ? demanda Sarah d'une voix teintée d'inquiétude.
- Dès qu'elle sortira de cette phase, elle ira mieux.
- Quelle phase ?
- Il s'agit de la phase du syndrome à laquelle succède un "plateau" de durée variable, au cours duquel les symptômes se stabilisent, avec parfois une atteinte du système nerveux dit autonome, qui contrôle les fonctions "automatiques" du corps, comme la pression sanguine, le fonctionnement de la vessie et du tube et du tube digestif, etc.
Là encore Sarah n'y comprit rien. Elle se contenta de hocher la tête en caressant le visage de sa mère. Puis elle se leva, baisa cette dernière au front (Christine fit de même, mais un baiser sur la joue). Toutes deux quittèrent la chambre en compagnie de docteur John qui était désormais en train d'expliquer à Sarah ce qu'il y avait de plus important dans la situation actuelle, c'est-à-dire le processus de traitement que madame Leaderway devrait suivre.
Sarah était censée être bercée de ce flot de paroles, dont le débit était de taille, et dont la délicatesse, par laquelle elle se laissa emporter, lui fit oublier le tumulte des autres. Ainsi, elle se regretta que la mer attende où allait se jeter ce merveilleux fleuve.
Une fois dehors, Sarah et Christine firent au revoir de la main au docteur John. Jack état déjà parti.
Elles cherchèrent maintenant qui pourrait les ramener à la maison.
- Maman ?
- Oui ?
- Qui pourrait nous ramener à la maison ? demanda Christine, les yeux étincelant plus vivement sous les rayons du soleil doux et brillant.

- T'inquiète pas. On va sûrement le trouver, dit Sarah en caressant la joue de sa fille, le sourire aux lèvres.
Alors qu'elles attendaient, debout, une Mercedes grise passa juste devant elles, puis elle s'arrêta net.
La vitre s'ouvrit et une main brandissant leur fit signe de monter.
Sarah jeta un coup d'œil à sa fille dont les yeux semblaient rieurs. Enfin, elles montèrent. Sarah prit la place avant, Christine la place arrière.
C'était un Blanc, qu'elles n'avaient jamais vu, aux cheveux frisés et noirs, au visage adipeux et aux yeux noirs.
Tout le long du trajet, l'homme ne parlait pas, mais il se contenta juste de regarder Sarah de temps à autre. Celle-ci n'avait qu'à faire des yeux en coulisse. Christine, elle, était étrangement silencieuse.
Sarah pensa un instant que l'homme allait les kidnapper. Ah ! ah ! Mais enfin, elle aurait tort. La voiture les déposa près de la maison.
Elles remercient l'homme qui démarra vite.

Sarah et Christine entrèrent dans la maison en refermant la porte. Celle-ci ôta ses espadrilles, les remit en place et monta les marches de l'escalier vers la chambre; celle-là remit les clés de la maison en place, ôta à son tour ses espadrilles, les remit en place, ferma les rideaux et se dirigea vers la salle de bains.
Au bout de quelques bonnes minutes, Sarah sortit de la salle de bains et monta les marches de l'escalier vers la cuisine de laquelle elle sortit après quelques minutes avec deux assiettes contenant chacune du pain recouvert du fromage et des tomates coupées en tranches très minces !
Elle entra dans la chambre. Christine était allongée sur son petit lit.
Sarah posa une assiette sur le petit lit de sa fille, près de ses pieds et alla s'asseoir sur son lit, les jambes croisées.
Christine se dresse sur son séant, prit l'assiette et alla rejoindre sa mère dans son lit.
Christine était désormais assise en face de sa mère, les jambes croisées. Puis, prenant une tranche de tomate :
- Maman ?
- Oui ?
- Comment as-tu fait pour rendre la tomate comme ça ?
La mère sourit.
- C'est très simple. On enlève les parties inutiles avec un couteau puis on coupe avec délicatesse la tomate sur toute sa largeur.
Christine hocha la tête en prenant un petit morceau de la tranche du bout des dents.
- C'est bon ! dit-elle en mâchant.
- Oui, tout à fait, dit la mère qui mâchait déjà du pain.
- Ma mémé était endormie à l'hôpital. Je regrette de ne pas avoir pu lui parler.
- Ah, bon ? dit la mère. Tu lui parleras bientôt.

- Je me demande un peu pourquoi lui avoir recouvert la tête, remarqua Christine.
Sarah se tut, interloquée. Elle aussi ignorait toujours pourquoi. Mais enfin, elle n'avait pas de quoi craindre.
- N'aie pas peur, dit-elle. J'ai confiance en docteur John.
- Ha ! qu'est-ce que tu disais ?
Sarah ne dit rien. Elle baissa les yeux, mâchant un morceau de la tranche de tomate.
Christine garda le silence en se détectant du pain recouvert de fromage.
Au bout de quelques minutes, elle sortit du lit, laissant sa mère manger toujours.
- Mais tu n'as pas encore fini ton repas, dit la mère qui voyait sa fille en train de tripoter dans l'amas de vêtements jetés çà et là.
- Que fais-tu ?
- Je cherche mon tee-shirt.
- Quel tee-shirt ?
- Celui qu'orne Mickey Mouse.
- Mais tu en portes déjà un.
- Oui, je sais. Mais celui que je porte est simple sans dessins.
- D'accord, dit la mère qui ramassa les deux assiettes en sortant du lit.
- Tu vas le trouver, ajouta-t-elle en sortant de la chambre.
Au bout de quelques instants, elle revint et découvrit que sa fille cherchait toujours.
- Tu ne l'as pas encore trouvé ? demanda-t-elle en se mettant à genoux pour aider sa fille à trouver son tee-shirt.
- Ça y est ! Le voilà ! dit Christine en prenant des deux mains un tee-shirt bleu Mickey Mouse. Je l'ai trouvé.
Elle l'enfila en ôtant son tee-shirt simple. (sa mère avait tapé sur son dos nu par amusement, esquissant un sourire)
- Elle te va bien, dit Sarah en se levant.
Puis toutes deux quittèrent la chambre et descendirent au salon où Sarah alluma la télé et prit place sur le canapé à côté de sa fille.
Elles regardaient la télé jusqu'à ce que la nuit tombe. Puis en atteignant la télé elles montèrent les marches vers la chambre où Sarah aida sa fille à faire son devoir. Elle lui lut ensuite une page de "Rapunzel's revenge" avant de ôter leurs vêtements et mettre leur chemise de nuit pour dormir.

Sarah et Christine firent la grasse matinée. Il était onze heures quand Sarah ouvrit les yeux sans le réveil du portable qu'elle n'avait pas réglé à l'heure ordinaire.
Elle s'étira, bâilla et sortit de son lit. Elle alluma la lumière et alla se pencher vers sa fille en lui murmurant à l'oreille:

- Ma petite princesse dorée, réveille-toi ! Aujourd'hui, on va aller à Lithia Park.
Christine esquissa un sourire radieux, les yeux toujours fermés. Elle semblait être dans une bonne lune. Elle ouvrit à demi les yeux en souriant à sa mère qui lui fit un baiser tendre puis elle quitta la chambre, la laissant sortir du sommeil peu à peu. Au bout de quelques minutes, la mère arriva avec deux assiettes contenant chacune du pain frais recouvert de fromage et un verre de lait. Elle posa les deux assiettes sur le petit lit et y prit place.
- Allez ! dit-elle en tapotant les pieds de sa fille qui se dressa aussitôt sur son séant.
- Lithia Park est un écrin de verdure bordant une petite rivière dans le calme absolu au point d'y rencontrer plusieurs biches qui broutent.
- Oui, tout à fait, dit Sarah.
Toutes deux mangeaient. Une fois le petit déjeuner pris, Sarah ramassa les deux assiettes et quitta la chambre pour les faire la vaisselle dans la cuisine. En regagnant la chambre, elle ôta sa chemise de nuit et mit son chemisier avec son jean. Puis elle quitta la chambre et descendit au salon où elle mit ses espadrilles, subtilisa quelques dollars au portefeuille de son père, prit les clés de la maison, tira les rideaux et sortit en refermant doucement la porte derrière elle. Christine l'attendait déjà devant le vélo que Sarah ouvrit (l'antivol mis autour de la tige de selle).
Puis, en aidant sa fille à s'asseoir à la place arrière, elle partit.
Sur le chemin, elle s'arrêta pour acheter leur sandwich.
Au bout de trois bons quarts d'heure, elle s'arrêta devant une grille qui faisait office d'une porte. C'était celle de Lithia Park dans lequel elles entrèrent.

Lithia Park ! On dirait un écrin de verdure.
Des feuillages jaunes, rouges, dorés et bruns.
Des bois si merveilleux : belle et douce nature !
Dans le calme absolu, c'était un jour serein.

Prenant place sur un banc, Sarah et Christine
Prirent leur repas léger dans le sac plastique :
"Sandwich mozzarella, tomate et aubergines"
Celles-ci, fruits oblongs, d'origine asiatique.

Sarah et Christine étaient en train de manger;
Voilà des cerfs qui sautaient bien légèrement.
Heureusement, ils ne demandaient qu'à brouter,
Car, au temps du rut, ils se fâchent en bramant.

Certes, on était dans les premiers jours d'automne;
Ces jours où l'on regardait bien tomber des feuilles.

À les voir valser, on dirait qu'on les canonne.
Aux yeux de Sarah, la nature était en deuil.

Or, elle se revoyait à côté de sa mère
Qui gisait à l'hôpital où le docteur John,
Très jeune, la soignait; c'était une lumière.
Madame Leaderway, elle, était dans son automne.

On entendait bien le gazouillis du ruisseau
Sur des cailloux; il était doux et mélodieux.
Cela était sûrement le fruit du pinceau
D'un artiste à qui on doit s'adresser : Dieu.

Chapitre 12

Deux semaines s'écoulèrent avec un peu de changement d'habitudes, bien que "les jours se suivent et ne se ressemblent pas". C'était le samedi. Sarah et Christine firent la grasse matinée. Il était onze heures et quart quand Sarah ouvrit les yeux sans le réveil du portable qu'elle n'avait pas réglé à l'heure ordinaire.
Elle s'étira, bâilla et sortit de son lit. Elle alluma la lumière et alla se pencher vers sa fille en lui murmurant à l'oreille:
- Ma petite princesse dorée, réveille-toi ! Aujourd'hui, on va rendre visite à ta grand-mère.
Christine esquissa un sourire radieux, les yeux toujours fermés. Elle semblait être dans une bonne lune. Elle ouvrit à demi les yeux en souriant à sa mère qui lui fit un baiser tendre puis elle quitta la chambre, la laissant sortir du sommeil peu à peu. Au bout de quelques minutes, la mère arriva avec un plateau contenant une omelette baveuse, du pain frais et deux verres de lait. Elle posa le plateau sur le petit lit et y prit place.
- Allez ! dit-elle en tapotant les pieds de sa fille qui se dressa aussitôt sur son séant.
- Je veux bien que George nous emmène à l'hôpital, dit Christine. Ma mémé sera heureuse si elle le voit.
- Bien sûr, dit Sarah en buvant un coup de trop.
Au bout de quelques instants, le ventre de Sarah fit entendre des bruits propres aux flatuosités.
- Oh ! je me sens ballonnée, dit-elle en posant une main sur le ventre.
- Non, mais ! ça t'arrive quand tu bois un coup de trop ! protesta Christine.
Sarah s'excusa en grimaçant. Elle sortit doucement du petit lit, une main sur le ventre. Elle avança d'un pas. Elle se mit soudain à courir en descendant les marches et se précipita vers la salle de bain.
Au bout d'un bon quart d'heure, elle sortit de la salle de bain, l'air pâle et fatiguée. Elle monta les marches en s'aidant d'une main, allure qui témoignait combien elle était souffreteuse. Une fois dans la chambre, où Christine était en train de mâchonner une bouchée de pain, elle l'ordonna d'un ton grave de se changer vite. La fille s'exécuta. Elle ôta sa chemise de nuit et mit son tee-shirt avec son jean. Puis elle sortit de la chambre, laissant sa mère s'occuper de la vaisselle. La mère ramassa le plateau et alla le remettre en place dans la cuisine. Puis elle regagna la chambre pour se changer elle aussi en ôtant sa chemise de nuit et en mettant son tee-shirt avec son jean. Puis elle quitta la chambre. Elle descendit au salon où elle mit ses espadrilles, prit les clés de la maison, tira les rideaux et sortit en refermant la porte derrière elle.
Une Fiat noire l'attendait déjà devant la maison. C'était celle de George. Un homme chauve, gras et bedonnant, au visage bouffi, dont le teint rappelait celui

d'un albinos. George aimait bien manger. Il aimait la bonne cuisine. Il était très gourmand de veau, de porc, de lapin, et notamment de dinde rôtie.
Sarah monta dans le véhicule en prenant la place avant; Christine était déjà assise à la place arrière. C'était elle qui avait frappé à la porte de la maison de George qui acceptait volontiers de les emmener à l'hôpital.
Le véhicule démarra. Tout le long du trajet, Sarah et George gardèrent le silence, sauf Christine qui chantonnait "Did You Ever See a Lassie" de Larry Groce :

Did you ever see a lassie, a lassie, a lassie?
Did you ever see a lassie go this way and that?
Go this way and that way and this way and that way?
Did you ever see a lassie go this way and that?

Did you ever see a laddie, a laddie, a laddie?
Did you ever see a laddie go this way and that?
Go this way and that way and this way and that way?
Did you ever see a laddie go this way and that?

Did you ever see a lassie, a lassie, a lassie?
Did you ever see a lassie go this way and that?
Go this way and that way and this way and that way?
Did you ever see a lassie go this way and that?

Au bout d'une bonne demi-heure, les voilà arrivés. Ils descendirent du véhicule. Sarah et George donnèrent la main à Christine qui se mit à sauter, après un "Allez, hop ! Hop là !", jusqu'à l'entrée de l'hôpital, là où Sarah et George lâchèrent Christine au milieu d'une dizaine de personnes, certaines assises, d'autres allaient et venaient.
Tous trois s'engagèrent dans un si étroit couloir. La grosse Blanche s'était contentée de leur adresser un sourire après un "Bonjour !" en les suivant des yeux jusqu'au moment où ils disparurent.
Après quelques minutes, ils s'arrêtèrent devant une porte ouverte. George prit place sur une chaise près de la chambre. Sarah et Christine entrèrent dans la chambre en frappant à la porte.
- Bonjour, mémé ! dit Christine en souriant.
Madame Leaderway, gisant sur son lit, tourna vite les yeux vers elle et, avec un sourire expressif, outré, soigné et surtout malmené par la maladie :
- Oh ! vous voilà enfin ! Toi et ta maman, dit-elle d'une voix qui témoignait combien elle était rongée par la maladie. Approche-toi. Viens me donner un bisou.
Christine se dirigea doucement vers sa grand-mère qu'elle baisa sur la joue, plaquant son visage contre son cœur en signe de tendresse.

Sarah laissa la porte entrouverte et alla baiser sa mère sur la joue puis elle prit la chaise simple en métal et s'assit auprès de sa mère.
- Ma petite-fille croît en beauté, dit madame Leaderway.
- Oui, bien sûr, dit Sarah.
Christine était désormais debout, où plutôt entre les bras de sa mère qui la serra chèrement contre elle.
- Regardez-moi ça ! dit madame Leaderway en pointant son index tremblotant vers sa fille et sa petite-fille. Vous portez toujours les mêmes vêtements. Vous devez vous changer.
Christine jeta un coup d'œil à sa mère qui la regarda à la manière d'une mère qui se régale.
- C'est Jack qui vous a emmenées jusqu'ici ? demanda madame Leaderway.
- Non, c'est George, notre voisin, répondit Sarah.
- D'accord. Mais où est-il ?
- Il est là, assis près de la chambre. Il nous attend.
- Dis-lui d'entrer. Je veux bien le voir.
Sarah alla appeler George qui entra dans la chambre dès qu'il entendit son nom.
- Bonjour, madame Leaderway ! lança-t-il en s'approchant à pas de loup.
Il vint tenir la main de la malade à pleines mains.
- Merci d'avoir emmené ma fille et ma petite-fille jusqu'ici.
- De rien ! Dieu fasse que vous soyez bientôt guérie, madame Leaderway.
- Merci à vous, c'est très gentil. Vous pouvez vous asseoir. Prenez une chaise.
- Il n'y a qu'une chaise, dit Sarah.
- Quel hôpital ! dit madame Leaderway qui regarda autour d'elle d'un air courroucé.
- En tout cas, je suis toujours là. Je vais reprendre ma place, près de la chambre. Ravi de vous voir, madame Leaderway, dit George en serrant fort des deux mains la main de la malade.
- Merci beaucoup.
George la gratifia d'un sourire affable en signe de "Je vous en prie !" puis il quitta la chambre.
- George est très gentil, dit madame Leaderway à voix basse comme si elle ne voulait pas que George l'entende.
- Oui, tout à fait, dit Sarah.
- Dis-moi, dit madame Leaderway en invitant sa fille d'un signe de la main à prêter l'oreille pour qu'elle l'y chochotte : "Est-ce qu'il est marié ?".
- Non, il est encore célibataire, répondit Sarah d'une voix loin d'être basse comme si on ne parlait pas sous le seau du secret.
- Ah, bon ? Et toi ? Tu veux rester toujours célibataire ?
- Oh ! arrête ! Ce n'est pas le moment d'en parler, en effet !
- Je veux bien te voir en robe de mariée. C'est un souhait.

Christine sourit en jetant un regard expressif à sa mère qui la serra toujours contre elle, les yeux rieurs.
- J'ai la gorge sèche. Je veux boire, dit madame Leaderway.
Sarah parcourut la pièce du regard.
- Mais je ne vois pas de l'eau ici, dit-elle, très étonnée.
- Ah ! qu'est-ce que j'ai dû me plaindre ! dit madame Leaderway en fermant les yeux comme si elle n'en pouvait plus de soif.
- Mais qui te donne à boire en notre absence ? demanda Sarah.
- Je patiente jusqu'à ce que l'infirmière, qui vient me voir de temps en temps, aille à mon secours.
- Je vais aller chercher de l'eau, dit Sarah en se levant. Un moment ! J'arrive.
Elle quitta la chambre, laissant Christine seule avec sa grand-mère.
Christine, debout, regardait sa grand-mère. Celle-ci avait toujours les yeux fermés avec la bouche sèche qui attendait l'eau.
- Maman va t'apporter de l'eau, dit la petite-fille en posant une main sur la poitrine de sa grand-mère.
Voilà arriver Sarah, apportant une petite bouteille d'eau qu'elle ouvrit en disant:
- Voilà l'eau !
Madame Leaderway ouvrit à demi les yeux. Sa fille lui mit une main sous la tête qu'elle souleva doucement et de l'autre se mit à lui donner à boire au goulot, à petites gorgées.
- Ça me suffit, dit madame Leaderway qui s'humecta les lèvres.
Sa fille lui remit soigneusement la tête sur l'oreiller.
- Où l'as-tu trouvée ? demanda madame Leaderway qui semblait reprendre des forces.
- Qui ?
- Ton mari ! dit madame Leaderway avec un rire étouffé accompagné d'un toussotement saccadé.
- Mon mari ? Quel mari ? s'enquit Sarah qui dévisagea sa mère d'un air interloqué.
- Je plaisante, dit madame Leaderway, toujours rieuse. Je parlais de l'eau.
- Je l'ai trouvée dans les lieux d'aisance.
- Ah, bon ? Et la bouteille ?
- Dans un recoin, seule et vide.
- Oh mon Dieu ! se révolta madame Leaderway malgré elle. Tu viens de me donner à boire l'eau des lieux d'aisance dans une bouteille dont je doute la propreté. Une bouteille dont le goulot a déjà passé dans la bouche de je ne sais qui.
Sarah se tut. Elle ne dit rien. Elle reprit sa place, serrant cette fois sa fille de plus belle contre elle, fixant sa mère, une lueur de regret dans les yeux.
Alors que tout le monde était silencieux, on entendit frapper à la porte.

- Bonjour ! dit une jeune femme en blouse bleu pâle, échancrée en forme de V, dégageant une partie de la gorge.
C'était la kiné du service de rééducation. Une belle Blanche au visage rond, aux yeux noirs, un serre-tête dans les cheveux auburn.
- Comment allez-vous, madame Leaderway ? demanda la kiné, souriante, en s'approchant.
La malade garda le silence comme s'il y avait quelque chose qui clochait, étant donné ce qu'elle ressentait vis-à-vis du service de l'hôpital.
La kiné se pencha vers elle en posant une main sur le drap recouvrant les pieds comme pour tâter puis elle enleva le drap, dégageant ainsi les jambes de la malade. On remarqua que cette dernière habillait une robe blanche courte arrivant au genou. Une robe sans manches !
- Pouvez-vous faire un petit mouvement ? demanda la kiné qui tenait la jambe droite de la malade qui secoua la tête.
- J'ai du mal à la faire bouger facilement.
- Bon, je vais essayer de te faire un petit exercice physique qui vise à rendre un peu beaucoup de vitalité aux muscles, et à rétablir chez vous l'usage normal de la jambe par la suite.
La kiné souleva doucement la jambe de la malade à une certaine hauteur puis elle se mit à la plier et à la ramener à son point de départ, avec des mouvements lents et réguliers.
Sarah et Christine regardaient la kiné en train d'exercer la jambe, or la malade grimaça de douleur.
- Ça fait mal, dit madame Leaderway en resserrant les lèvres.
- Oh ! désolée, dit la kiné. En fait, c'est une chose normale. Vous allez vous adapter à ce genre d'exercice avec le temps. Ce n'est que le début, voyez-vous.
- Ah ! d'accord, dit la malade.
- Je vous laisse maintenant. C'est fini pour aujourd'hui, dit la kiné qui ramena la jambe à sa place, le drap dessus.
Elle sourit en ajoutant :
- Je vous souhaite une agréable journée, madame Leaderway.
Puis elle gratifia tout le monde d'un large sourire et s'en alla. La malade la suivit des yeux jusqu'a ce qu'elle disparut, un air de mécontentement dans le regard. Rien d'étonnant à ce qu'elle fasse les gros yeux à la kiné.
- Je ne sais pas jusqu'à quand je resterai ainsi, dit madame Leaderway qui dénotait d'un dépit certain.
- T'en fais pas, dit Sarah en posant sa main sur la sienne. Tu seras bientôt guérie. J'en suis certaine.
- Guillain-Barré est une maladie mortelle, à ce qu'il paraît.
- Ne dit pas ça. Tout ira bien pour toi. Aie foi en Dieu.
- J'ignore toujours comment je l'ai attrapé, ce beau Guillain-Barré.
- Le docteur John dit qu'il y a différentes causes selon les cas, dit Sarah d'une voix faible teintée d'une légère vibration.

- Tu peux me frotter le front ? demanda madame Leaderway. Je sens une certaine démangeaison.
- D'accord, dit Sarah qui s'inclina légèrement et qui, de sa main libre, se mit à gratter le front de sa mère avec ses ongles, serrant toujours Christine d'un bras.
- C'est bien, dit madame Leaderway qui semblait s'en détecter, les yeux fermés.
Puis, au bout d'un moment :
- Tu m'égratignes avec tes ongles.
- Ah oui ! dit Sarah.
- Fais-moi voir ta main.
Sarah montra sa main à sa mère qui avait des yeux ronds comme étonnée.
- Tu as une belle main, mais il me semble que tu ne t'es pas coupé les ongles.
- Ils poussent vite. Je me les suis coupé il y a belle lurette.
- Quoi ? Il faut se couper les ongles des mains au moins une fois par semaine.
- Et toi ? Pourrais-je voir ta main ?
Madame Leaderway sortit une main sous le drap. Une main sillonnée de rides.
- Toi aussi. Tu as une belle main, dit Sarah qui tenait la main de sa mère à pleine main.
- Avoue ! J'ai des ongles en deuil, hein ? Tu vois ?
Sarah fixa la main de sa mère un instant, l'air décontenancé.
- Oui, je vois. De toute façon, tu as la plus belle main du monde, dit-elle en lui basant la main.
- Hum ! ça m'étonnerait !
- Je dis la vérité, voilà tout.
- Ah, bon ? Quelle heure est-il maintenant ? demanda madame Leaderway.
- Je ne sais pas. Je laisse mon portable à la maison.
- Je veux juste savoir si c'est l'heure de déjeuner.
- Tu n'as pas encore déjeuné ?
- Non.
- Mais tu as déjà pris ton petit déjeuner, non ?
- De quel petit déjeuner parles-tu ? Dans cet hôpital, je ne mange pas.
- Comment cela ? s'exclama Sarah.
- Tu vois ce tube creusé dans ma main gauche ?
Sarah se leva en se penchant vers le côté gauche du lit et remarqua qu'il y avait un liquide de couleur jaunâtre, qui coulait dans un tube allant de la main gauche de sa mère jusqu'à une machine placée juste contre le mur.
- Oui, dit-elle en reprenant sa place, serrant sa fille contre elle.
- C'est comme ça que j'absorbe de la nourriture.
- Ah ! d'accord. Et tu sais ce que contient cette nourriture ?
- Non, j'ignore ce qu'elle contient. La seule chose que je sais, c'est qu'elle me donne de la force. J'en doute.
- Quoi qu'il en soit, j'espère que tu guériras bientôt.

- Et vous ? Toi et Christine ? Avez-vous déjeuné ?
- Non, pas encore. On va déjeuner à la maison.
Sarah baisa sa mère sur la joue en lui disant :
- Je te laisse maintenant. On te reverra samedi prochain, d'accord ? Prends soin de toi.
- Toi aussi. Prends soin de toi.
Christine baisa à son tour sa grand-mère sur la joue en lui disant d'une voix presque feutrée:
- Au revoir mémé.
- Au revoir.
Sarah et Christine quittèrent la chambre.
George se leva en leur disant :
- On va partir maintenant ?
- Oui, répondit Sarah.
Tous trois marchaient dans un couloir étroit au milieu des personnes et des blouses blanches qui allaient et venaient.
Au bout de quelques minutes, les voilà dehors. La Fiat noire était là, qui les attendait. Ils montèrent. Sarah prit la place avant, Christine la place arrière.
Tout le long du trajet, George ne parlait pas. Il était un peu timide. Pourtant, Sarah avait toujours envie de le pousser à parler d'une manière ou d'une autre. Des rayons du soleil doux passèrent par la vitre entrouverte, formant ainsi de petites raies sur le visage de George. Sarah le trouva plus beau ainsi et n'hésita point à le regarder sans réticence, tant elle prenait plaisir à cela. Christine semblait s'affaisser sur son siège. Peut-être était-elle si affamée qu'elle ne pouvait chantonner une chanson, faute d'énergie.
Au bout d'une bonne demi-heure, les voilà arrivés. Sarah était la première à descendre. Christine était toujours collée à son siège.
Voilà la mère lui tendre la main en lui disant : "Viens ma petite princesse dorée". Elle la prit dans ses bras et referma la portière.
Elle remercia George qui démarra vers sa maison d'à côté en brandissant une main à travers la vitre ouverte de sa voiture.

Sarah et Christine entrèrent dans la maison. Celle-ci ôta ses espadrilles, les remit en place et monta les marches de l'escalier vers la chambre; celle-là remit les clés de la maison en place, ôta à son tour ses espadrilles, les remit en place, ferma les rideaux et se dirigea vers la salle de bains.
Sarah était désormais debout, se regardant dans le miroir placé juste au-dessus du lavabo. *Quel visage ! Tu vieillis beaucoup en ce moment. Un visage joufflu, non ?* Elle se mit à tâter ses joues. Elle avait bel et bien de grosses joues ! Des yeux en boules de loto comme si elle ne fermait pas l'œil de la nuit. Ce qui n'était pas le cas, en effet. Elle se lava le visage avec l'eau froide du lavabo comme si elle voulait ne pas se reconnaître dans l'image ainsi montrée dans le miroir une fois la tête levée. Le miroir s'emperlant de buée, des gouttes d'eau

dégoulinaient sur son visage et tombèrent après s'être frayé un chemin le long de la figure depuis le front. Elle resta ainsi quelques instants avant qu'elle ne prenne une serviette pendue à sa droite. Elle s'essuya le visage, remit la serviette en place et sortit de la salle de bains.
Elle monta les marches de l'escalier vers la chambre où Christine était assise sur son petit lit, les jambes croisées.
La mère entra dans la chambre et s'assit à côté de sa fille en la caressait de la main.
- Ma petite princesse dorée, qu'as-tu ?
Christine avait une main contre la joue, le coude appuyé contre la cuisse.
- Je suis affamée, dit-elle.
- Ah ! ce n'est pas grave. Je vais t'apporter quelque chose à manger, dit la mère qui donna une grosse bise à sa fille et quitta la chambre.
Après quelques minutes, la voilà arriver avec une assiette et une limonade.
Elle posa l'assiette sur le petit lit sous les yeux de sa fille.
C'était du pain recouvert de sardines ! La limonade comme dessert ! Quel déjeuner ! Ainsi, Christine serait plus grosse et beaucoup plus joufflue. Pourtant, la fille avait faim et ne voulait plus qu'à calmer sa faim.
Elle se mit à manger sous les yeux de sa mère qui était déjà allongée sur son lit, les mains sous la tête que soutenait l'oreiller.
La mère sourit en regardant la façon dont sa fille mangeait. Celle-ci avait une petite bouche, mais les morceaux qu'elle y mit étaient grands, comme quoi les joues semblaient grosses.
Heureusement qu'il y avait la limonade pour qu'elle puisse avaler les morceaux ainsi mis dans la bouche.
À un moment donné, Christine ouvrit la bouche :
- Et toi maman ? Tu ne veux pas manger ?
- Non, je n'ai plus faim.
- Mais tu n'as pris que le petit déjeuner, alors tu dois avoir faim.
- Autrement dit j'ai perdu l'appétit.
- Tu veux dire que les émotions t'on coupé l'appétit, dit Christine, la bouche pleine.
Sarah jeta un regard curieux à sa fille sans dire un mot. Elle resta silencieuse pendant un moment puis, poussant un profond soupir :
- Oui, disons que je pense à ma mère qui gît à l'hôpital. Je suis inquiète, étant donné ce qu'on a vu ce matin.
- Tu parles du service de l'hôpital ?
- Oui, c'est ça. Je ne sais pas si l'on s'y occupe bien d'elle.
- T'inquiète pas. Il y a le docteur John.
Sarah se retourna sur le côté droit, s'accoudant d'un bras, la main contre la joue.
- On ne l'a pas vu ce matin, remarqua-t-elle.
- Il était peut-être occupé.

- Oui, c'est possible.
- Dis-moi. Comment le trouves-tu ?
- Il est très gentil.
- Tout à fait.

Christine avala la dernière bouchée en s'essuyant la bouche de la main, sortit de son petit lit d'un bond et alla s'allonger à côté de sa mère qui la serra contre elle d'un bras avec des caresses tendres, la tête de sa fille plaquée contre son cœur.

- Maman ?
- Oui ?
- Où est papa ?

Sarah sentit un brin de frisson lui parcourir tout le corps comme si la question avait quelque chose de troublant.

Sarah ne savait plus quoi répondre, mais elle devait tout de même trouver une réponse.

- Il est loin.
- Mais tu ne m'as jamais parlé de lui, dit Christine d'une voix qui témoignait combien cela lui tenait à cœur.

Sarah ressentit un regret amer. Elle voulait ardemment dire la vérité à sa fille, mais elle croyait que ce n'était pas le moment pour tout dire. Elle n'avait donc qu'à avoir des propos ayant pour but de calmer sa fille.

Elle serra de plus belle sa fille contre elle et, un baiser apaisant sur les cheveux qu'elle caressa toujours :

- Tu verras bientôt ton père. Sois patiente !

Christine considérait cela comme une promesse et se tut. Elle ne dit plus rien. La mère lui caressa toujours les cheveux d'une main tendre. C'était sa fille unique, la fille qui n'avait que sa mère pour l'instant. La grand-mère gisait à l'hôpital; le grand était toujours absent. Quels moments ! Des moments difficiles. "Plaisir d'amour ne dure qu'un moment". Ainsi, Christine se débarrasser du bras de sa mère et alla s'allonger sur son petit lit, laissant sa mère sur son lit.

La fille se recroquevilla sur elle-même, les pieds touchant à peine l'assiette presque vide, à part quelques miettes ça et là sur le petit lit.

La mère la regarda désormais avec des yeux étincelant à la fois de tendresse et de compassion.

Puis elle sortit avec peine du lit, comme s'il s'agissait d'un si lourd chagrin qu'elle n'en pouvait plus, alla ramasser l'assiette et sortit de la chambre.

Elle entra dans la cuisine en allumant la lumière. Elle balaya le carrelage du sol du regard. Il semblait malpropre, sans compter la vaisselle de la veille qui embarrassait le levier.

Elle avait désormais les mains posées sur ce dernier, debout, les yeux fixés sur le mur d'en face.

Elle en avait lourd sur le cœur. Elle se mit soudain à verser des larmes sur tout : sa mère, elle-même et sa fille qui voulait voir son père. "Les larmes sont un don. Souvent les pleurs, après l'erreur ou l'abandon, raniment nos forces brisées".

Toujours en larmes, elle mit un peu de liquide vaisselle sur les assiettes et ouvrit le robinet duquel l'eau froide coulait dessus.
Elle se mit à faire la vaisselle puis elle s'arrêta tant que son esprit était ailleurs. Elle n'en prit connaissance qu'après avoir senti la froideur de l'eau dans ses mains. Elle continua alors à laver les assiettes, mais avec désinvolture. Une fois la vaisselle faite, elle ferma le robinet, remit les assiettes en place, atteignit la lumière et sortit de la cuisine.
Elle alla jeter un coup d'œil : Christine était toujours sur son petit lit, recroquevillée sur elle-même. Elle n'entra pas dans la chambre, histoire de laisser sa fille tranquille.
Elle descendit alors les marches de l'escalier en s'aidant d'une main comme une vielle dame atteignant l'âge qui prive de la chaleur caractéristique de la jeunesse et de la vie.
Elle alla s'asseoir sur le canapé, un coussin contre son cœur comme fait une mère à son bébé, les jambes ramassées, les genoux presque au menton.
Elle n'avait pas allumé la télé, ni tiré les rideaux. Elle était donc dans la pénombre du salon. Elle était rongée de regrets amers. Elle ne voulait rien pour l'instant. Elle voulait juste que sa mère soit guérie, que le père de sa fille revienne. C'était tout.

Chapitre 13

La nuit tombait déjà. Sarah s'éveilla en sursaut. Elle venait de voir un mauvais rêve. Elle s'était assoupie ! Elle sortit du canapé en se frottant les yeux et remonta les marches de l'escalier.
En entrant dans la chambre, elle découvrit que sa fille dormait déjà. Elle la laissa telle qu'elle était. Elle la recouvrit juste des draps et alla s'allonger sur lit. Elle avait du mal à dormir maintenant. C'était peut-être à cause du cauchemar qu'elle avait vu lors de son assoupissement dans le salon. Elle tenait à ne pas éteindre la lumière comme pour essayer de chasser les mauvaises images qui se représentaient encore en esprit. Elle avait vu sa mère en rêve, ou plutôt la mort de celle-ci. *Quel cauchemar ! Après tout, ce n'est qu'un cauchemar.* Elle jeta un coup d'œil sur son portable mis à côté d'elle. *Il est trop tôt pour dormir ! Que faire maintenant ? Lire un livre, un roman ? Oui, la lecture aide au sommeil.*
Elle sortit du lit et quitta la chambre.
Elle redescendit au salon où elle alluma la lumière. À l'étagère de sapin, elle prit "The Silence of the Lambs" de Thomas Harris. Quel livre ! Toujours le même ! Bien que le roman comporte des scènes si horribles qu'elles empêcheraient de dormir, Sarah voulait relire un passage qui la faisait rire.
Elle éteignit la lumière et remonta les marches de l'escalier vers la chambre où elle s'allongea sur son lit, ouvrit le roman et se mit à relire le passage à voix basse :
"« Ouiiiii. Tu es *affamée*, Précieuse ? Moi aussi. »
Il changea la chienne de bras pour ouvrir la porte de la chambre. Elle se tortillait pour qu'il la lâche.
« Une seconde, ma douce. » De sa main libre, il ramassa une carabine Mini-14 posée par terre, à côté du lit, et la mit sur les oreillers. « *Allons*. Allons. On va souper dans une minute. » Il posa la chienne sur la moquette et chercha ses vêtements de nuit. Elle le suivit avec impatience dans l'escalier jusqu'à la cuisine.
Jame Gumb sortit trois plateaux repas de son four à micro-ondes. Deux « Homme affamé » pour lui et un « Cuisine légère » pour le caniche.
La chienne dévora son entrée et son dessert, mais ne toucha pas aux légumes. Jame Gumb ne laissa que les os de ses deux plateaux.
Il fit sortir la petite chienne par la porte de derrière, en tenant son peignoir bien fermé contre le froid, et la regarda s'accroupir dans l'étroit faisceau de lumière du soleil.
« Tu n'as pas fait ta grosse commission. Bon, je ne regarde pas. » Mais il l'épia furtivement entre ses doigts. « Oh, *super*, tu es une grande fille. Viens. Allons nous coucher. »"
Elle relit plusieurs fois le passage avant qu'elle ne succombe au sommeil.
Vers deux heures du matin, la porte de la maison s'ouvrit. Le lampadaire qu'on avait chahuté réveilla Sarah ! C'était son père Jack qui venait d'entrer chez lui.

Sarah ne voulait pas descendre au salon, car elle savait déjà que c'était son père qui allumait le lampadaire dans le noir et la télé pour regarder les Simpson. C'était visiblement la série d'animation favorite de son père !
Pendant plus d'une heure, Sarah ne dormait que d'un œil.
Elle avait maintenant besoin d'uriner. Elle pouvait descendre au salon et vider sa vessie dans la salle de bains, mais le petit seau était là, dont elle avait l'usage sans pour autant aller à la salle de bains.
Elle prit le petit seau, baissa son jean et se mit à faire pipi, accroupie. Une fois fait, elle releva son jean et alla s'allonger sur son lit, étendue sur le ventre.
Au bout de trois heures, elle ouvrir les yeux, bâilla, s'étira et sortit du lit.
Elle quitta la chambre et descendit au salon où elle entra dans la salle de bains de laquelle elle ressortit et remonta les marches de l'escalier vers la cuisine où elle but deux ou trois verres d'eau. Puis elle se mit à préparer le petit déjeuner. Du pain recouvert de beurre, qu'elle mangeait debout ! Elle ne voulait pas du lait!
Elle sortit de la cuisine et redescendit au salon où son père Jack dormait d'un sommeil de plomb. Elle chassa ses pantoufles après une moue de dégoût à son père et sortit de la maison en laissant la porte entrouverte.
Un air frais lui frappa le visage, enlevant pour ainsi dire quelques brumes de sommeil. Elle descendit les trois ou quatre marches faisant office du seuil. On voyait à peine le lever du soleil. Elle marchait lentement, à pas mesurés. Elle regardait autour d'elle. Puis elle s'arrêta net, s'étirant de plus belle puis elle revient s'asseoir sur une marche du seuil, les bras croisés sur les genoux. Elle contemplait désormais les arbres qui s'offraient au regard. C'était un beau tableau; le spectacle de la nature. Des chants d'oiseaux mêlés au bruissement d'ailes, harmonie qui flattait l'oreille.
Au bout de quelques bonnes minutes, elle se leva et entra à la maison en refermant la porte.
Elle ôta ses pantoufles, les remit en place et monta les marches de l'escalier vers la chambre où sa fille dormait encore. Elle lui donna un baiser tendre et alla s'allonger sur son lit, les yeux rivés sur le lustre à lame.
Elle ne savait plus quoi faire maintenant. Elle se contenta de contempler le lustre à lame. *C'est le vide !* Elle resta ainsi une bonne heure. *Le temps presse !*
Voilà sa fille en train de se retourner d'un côté à l'autre. C'était sans doute un signe des prémices du réveil. Si ! si ! Sa fille se mit à s'étirer en bâillant. Elle ouvrit les yeux. Elle semblait de mauvaise humeur. Un regard noir se fixa aussitôt sur sa mère qui la regarda d'un air étrange. Il était évident que cette histoire de son père qui manquait la rendait furieuse.
Christine sortit de son petit lit sans dire "Bonjour !" à sa mère et quitta la chambre, laissant sa mère rongée de remords.
Sarah comprenait bien ce dont sa fille souffrait. Elle devrait lui laisser le temps avant que les plaies du cœur ne s'assoupissent peu à peu.

Voilà entrer sa fille dans la chambre, humeur massacrante. Elle tomba sur son petit lit en faisant des grimaces.
La mère se dressa avec peine sur son séant, sortit du lit et alla s'asseoir à côté de sa fille en lui faisant des caresses puis, d'une voix douce :
- Ma petite princesse dorée, qu'as-tu ? Tu n'as plus faim ? Tu veux que je t'apporte le petit déjeuner ?
Christine hocha la tête, faisant toujours des grimaces.
La mère quitta la chambre et, au bout de quelques minutes, revint avec une assiette et un verre de lait.
Elle posa l'assiette sur le petit lit sous les yeux de sa fille qui s'empara du verre de lait.
Ensuite, Sarah sortit de la chambre, laissant sa fille manger tranquillement.
Elle redescendit au salon et entra dans la salle de bains, là où elle avait envie de vomir. Peut-être le beurre lui donnait-il la nausée. Du tout. C'était plutôt les blessures d'amour-propre ! Pourquoi le père de sa fille l'avait-il laissée en proie aux douleurs de l'enfantement sans pour autant être avec elle pour la soutenir quand elle était en travail ? Sarah se souvenait très bien du jour où elle était dans la salle de travail.

- Aspirez profondément et expirez, dit la sage-femme qui mettait sa main près de la vulve, un seau rempli d'eau tiède mis à côté.
Sarah aspirait et expirait en souffrant des contractions utérines; la sage-femme essayait de lui donner du courage par des paroles telles que :"Allez, vous pouvez en venir à bout", mais Sarah peinait en faisant force efforts, le front en sueur. Elle se mit à pleurer. Cela lui faisait mal. La sage-femme l'encourageait toujours.
Enfin, Sarah perdit connaissance un moment. En reprenant connaissance, elle vit un bébé dans les bras de la sage-femme qui lui dit avec joie :
- C'est une fille.
Sarah prit le bébé que lui tendit la sage-femme.
- Cette belle brune vaut la peine qu'on sacrifice tout pour elle, dit Sarah, très heureuse.
- Quel nom choisirez-vous pour elle ?
- Christine, répondit Sarah.
- Quel joli nom ! Dieu la garde !
- Merci.
À l'époque, Sarah avait vingt-quatre ans.

Elle était désormais debout dans la salle de bains, se regardant dans le miroir, souriante mais en pleurs; la joie d'avoir une fille mêlée de tristesse. Pourtant, Christine était la plus belle chose qui lui soit jamais arrivée. Se regardant toujours dans le miroir, elle s'essuya ses larmes de la main, poussa un long soupir et sortit de la salle de bains en remontant les marches. En entrant dans la

chambre, elle découvrit que sa fille avait déjà fini son petit déjeuner, mais allongée sur son petit, ou plutôt couchée, l'assiette et le verre près de ses pieds.
La mère débarrassa le petit lit de l'assiette et du verre en les posant par terre puis elle se pencha vers sa fille en lui chuchotant à l'oreille :
- Ma petite princesse dorée ? Qu'as-tu aujourd'hui ?
La fille ne répondit pas. La mère tenta de lui secouer l'épaule afin de la pousser à lui parler.
- Tu ne veux pas me parler ? D'accord.
La mère la laissa et alla s'allonger sur son lit, en pleurs.
Christine entendit sa mère pleurer, ce qui l'amena à se retourner puis à sortir de son petit lit, allant vers sa mère.
- Maman ? Tu pleures ?
Christine posa une main sur la joue de sa mère.
- Ne pleure pas, dit-elle d'une voix émue.
La mère lui sourit et la serra fort contre elle en lui donnant une bise.
- Je t'aime maman.
- Moi aussi, dit la mère en lui caressant le bras.
- Tu veux qu'on fasse quoi maintenant ? ajouta-t-elle.
- Je ne sais pas, dit la fille, la tête contre le cœur de sa mère.
- Soushiling ?
La fille leva les yeux vers sa mère.
- De quoi parles-tu ?
- "Pierre-papier-ciseaux".
- Oui, je le connais, dit Christine qui s'arracha à l'étreinte de sa mère par simple excitation.
- On peut jouer, enchaîna-t-elle, exaltée.
Sarah la dévisagea avec un sourire radieux. Voilà un jeu censé épanouir le visage et détendre l'atmosphère.
- On doit jouer le jeu, tu sais, dit-elle. Pour qu'aucune de nous deux ne soit désavantagée en montrant prématurément la positon de sa main, on doit bouger la main toujours ballottée en prononçant les mots :"pierre-papier-ciseaux". Les ciseaux battent le papier, le papier bat la pierre et la pierre bat les ciseaux. Est-ce clair ?
Christine hocha la tête.
Ainsi toutes deux se mettaient prêtes au jeu et c'était Sarah qui prononçait les mots.
- Pieeeerre...-papier-ciseaux !
- Ah ! tu as gagné ! dit Christine. La pierre bat les ciseaux.
Sarah sourit.
- Pieeeerre...-papier-ciseaux !
- Ouais ! j'ai gagné ! dit Christine. Le papier bat la pierre.
Sarah sourit toujours.

- À moi maintenant de prononcer les mots.
- D'accord.
- Pieeeerre...-papier-ciseaux !
- Ah ! tu as gagné ! dit Christine. Les ciseaux battent le papier.
- Pieeeerre...-papier-ciseaux !
- Ce n'est pas de jeu, dit Christine. Tu as tardé à montrer la positon de ta main. Tu l'as fait exprès, j'en suis sûre.
Sarah se réjouit en affichant un sourire malicieux, se régalant.
- Pieeeerre...-papier-ciseaux !
- Ouais ! j'ai gagné ! dit Christine. La pierre bat les ciseaux. Nous sommes maintenant à égalité. Tu veux que ce soit la dernière pour décider la gagnante?
Sarah esquissa un sourire jubilant.
- Pieeeerre...-papier-ciseaux !
- Ouais ! j'en suis le vainqueur ! dit Christine en gambadent de joie sur le lit.
Sarah jubilait davantage. Elle comprenait bien qu'elle devait profiter du moment. C'est alors qu'elle garda le sourire et sortit du lit pour aller ramasser l'assiette et le verre posés par terre. Une fois ceux-ci dans ses mains, elle se retourna et se mit à secouer la tête, debout, la langue pendante, faisant des yeux de merlan frit, ce qui faisait rire sa fille qui gambadait toujours.
Sarah quitta ensuite la chambre pour remettre l'assiette et le verre dans la cuisine puis elle regagna la chambre où elle se mit soudain à gambader elle aussi sur le lit avec sa fille qui mourait de rire. Toutes deux gambadaient avec des manifestations de joie.
Au bout de quelques minutes, Sarah arrêta les gambades et s'allongea sur le lit, du fait de fatigue. La fille gambadait de plus belle comme pour chercher à taquiner sa mère à titre badin. Les ressorts usés crissaient fort sous les pieds. Dire que le petit déjeuner contenait des substances stimulantes ! Oui, le lait contient plusieurs vitamines et minéraux, dont le calcium et la vitamine D (ajoutée), essentiels au maintien de la santé osseuse.
Enfin, Christine arrêta elle aussi les gambades et s'allongea à son tour à côté de sa mère, haletant mais gaie.
- Ouf ! enfin, esprit détendu, dit Christine en poussant un soupir.
Elle mit quelques secondes à reprendre haleine avant de se dresser sur son séant et sortir du lit pour aller chercher dans son cartable duquel elle sortit un cahier et un stylo Bic bleu puis elle reprit sa place, allongée à côté de sa mère.
- Maman ?
- Oui ?
- J'ai un exercice à faire un exercice. Peux-tu m'aider à le faire ?
Christine feuilleta le cahier puis elle le tendit à sa mère en indiquant du doigt une page.
- Voilà l'exercice !
Sarah lui prit le cahier et jeta un coup d'œil sur la page indiquée.

- C'est très facile, dit-elle.
Christine la regarda d'un air stupéfait.
- Ah, bon ?
L'exercice était en fait sur les verbes irréguliers. On demandait à entourer le verbe convenable pour compléter chaque phrase.
- Veux-tu que je le fasse seule sans te l'expliquer ? demanda Sarah.
Christine hocha la tête. *Paresse d'esprit.*
Sarah se mit à faire l'exercice rapidement. Une fois ce dernier fait, elle tendit le cahier et le stylo à sa fille.
- Merci, dit Christine qui sortit du lit pour remettre le cahier et le stylo dans le cartable puis elle reprit sa place à côté de sa mère, les yeux rivés sur le lustre à lame.
Toutes deux contemplaient désormais le lustre à lame. Au bout de quelques secondes, Christine ouvrit la bouche :
- Maman ?
- Oui ?
- Ce lustre à lame ressemble à un hélicoptère illuminé, n'est-ce pas ?
- Tout à fait, dit Sarah.
- Mon rêve est de pouvoir piloter un jour un hélicoptère.
- Ah bon ! Mais tu dois être forte en maths.
- Je n'aime pas les mathématiques.
- Alors tu ne pourrais pas piloter l'hélicoptère.
- Tu veux dire que je dois d'abord être forte en maths pour que je puisse piloter l'hélicoptère?
- Oui, justement.
- Mais que dois-je faire pour être forte en maths ?
- Tu dois écouter avec intérêt quand on fait sa leçon.
- J'ai une maîtresse dont la façon d'enseigner ne me sourit guère.
- T'en fais pas, tu es encore enfant. D'ailleurs, on ne pilote l'hélicoptère qu'à l'âge adulte. Tu n'as qu'à faire des efforts, dès maintenant, pour réaliser ton rêve.
- Ah ! d'accord !
Il y eut un silence.
- Maman ?
- Oui ?
- Mon tee-shirt sent la sueur. Flaire !
Sarah la renifla.
- Oui, tu as une odeur.
- Et toi ?
Sarah sentit avec insistance son chemisier.
- Moi aussi, dit-elle.
- Pourquoi ne pas nous baigner ? suggéra Christine.
- Je ne veux pas.

- Allez ! dit Christine, déjà à genoux sur le lit, qui se mit à tirer sa mère par le bras.
- Je dis non.
- Maman ! Allez ! insista Christine qui tira de plus belle sa mère par le bras. Et puis après tout, il y a belle lurette qu'on a pris un bain.
Enfin, Christine finit par amener sa mère à se dresser sur son séant. Puis elle sortit du lit et alla chercher dans l'amas de vêtements jetés çà et là par terre, desquels elle tira deux vêtements éponge, longs, à manches, de taille différente mais de même couleur.
- Voilà notre peignoir de bain, dit Christine qui tenait les deux peignoirs dans ses bras. Allez!
Sur ce, elle sortit de la chambre.
Sarah était toujours en position assise. Elle semblait paresseuse comme une couleuvre.
Au bout de quelques bonnes minutes, Christine entra dans la chambre et alla tirer sa mère par la main, mais Sarah avait beau sortir du lit, ce qui poussa sa fille à la faire sortir de la chambre avec force. Elles descendirent les marches de l'escalier vers la salle de bains dans laquelle elles entrèrent. Christine referma la porte.
Un bain moussant les attendait. Elles ôtèrent leurs vêtements et entrèrent dans leur bain; là où Christine commença à frapper l'eau des deux mains.
- Ouah ! qu'elle est rafraîchissante ! dit-elle.
Sarah était silencieuse, baissant le nez comme si elle avait honte de quelque chose, ou plutôt de ce qu'elle avait fait. Certes, Sarah se souvenait de ce jour quand elle avait vingt-trois ans. Son ami Stan, qui habitait un troisième étage sans ascenseur, l'invita chez lui.

- Nous voilà arrivés, dit Stan qui mit la clé dans la serrure.
Une fois la porte de son appartement ouverte, il entra en disant :
- Tu es la bienvenue.
Sarah hésita un instant, mais le sourire ensorcelant de son ami la poussa finalement à entrer.
- Assieds-toi. Fais comme *chez toi*, dit-il en frappant en vain la télé qu'il s'efforçait d'allumer.
Puis elle se tourna vers Sarah avec un sourire expressif. La télé semblait sans images ni son.
- Un moment ! J'arrive.
Il s'effaça.
Assise sur le canapé, Sarah balaya le salon du regard. Le salon était si petit qu'elle pouvait même toucher le toit du bout des doigts. Des murs décrépis, lézardés, l'appartement se crevassait. Dans ce salon, il n'y avait que le canapé vétuste et la télé vieux jeu sur un sol raboteux et poussiéreux.

Au bout de quelques instants, Stan arriva avec une bouteille et deux verres. Il s'assit sur le canapé à côté de Sarah.
- C'est un jour serein, non ? dit-il en posant la bouteille et les deux verres par terre.
Sarah resta silencieuse un moment. Puis, jetant un regard noir à son ami qui souriait toujours, dégageant ainsi des dents d'un blanc jaunâtre :
- Tu ne m'as jamais parlé de ça ? Que tu vis ici, dans des conditions si misérables que j'en ai la nausée.
Pour être froissé, Stan ravala son sourire.
- Mais je suis au chômage, tu sais, dit-il en posant une main sur la cuisse de Sarah comme pour essayer de calmer sa rage. Je te promets de faire de mon mieux pour trouver un travail.
Il prit la bouteille, l'agita et se mit à verser quatre ou cinq gouttes dans son verre qu'il vida d'un seul coup. L'expression de son visage témoignait combien c'était amer comme chicotin.
Puis elle se mit à verser à peine deux gouttes dans l'autre verre.
- Tiens ! dit-il en tendant le verre à Sarah.
- C'est quoi ça ?
- "La Fée Verte" !
Il avait prononcé le nom avec l'accent congolais.
Sarah se voyait fasciner par la prononciation du nom en français. Elle prit donc le verre de la main de son ami.
- Tu dois le vider d'un seul coup, dit-il.
Elle s'exécuta.
Elle ouvrit la bouche comme pour laisser entrer de l'air. *C'est amer, ô combien!*
Au bout de quelques instants, elle éprouva un vertige qui faisait tourner, danser, devant ses yeux, les murs et la télé. Enfin, elle se laissa tomber vers son ami qui la saisit des deux mains.
En ouvrant les yeux, elle remarqua qu'elle était couchée sur un lit, toute nue. Son ami aussi, qui venait juste d'aspirer une fumée de sa cigarette et la rendre par le nez.
- Qu'est-ce que je fais ici ? demanda-t-elle en tirant les draps au menton. *Quelle honte !*

- Maman ! cria Christine.
Sarah leva la tête en sursaut.
- Je te parlais, mais il me semble que tu étais ailleurs, non ?
Elles étaient dans la baignoire, l'une en face de l'autre.
Christine leva une jambe.
- Regarde ! J'ai les jambes comme des allumettes. Et toi ?
Elle tâta la jambe de sa mère.

- C'est une jambette ou quoi ? plaisanta-t-elle. En fait, tu as de grosses jambes. Mais tu es plate comme une limande. Tu n'as pas de seins. Moi non plus.
Voyant sa fille s'amuser à la contrarier dans de petites choses, Sarah se leva et sortit du bain. Puis elle mit son peignoir qu'elle tenait bien fermé et sortit de la salle de bains, laissant sa fille dedans.
Elle remonta les marches de l'escalier vers la chambre où elle s'allongea sur son lit, se séchant dans son peignoir.
Elle voulait être seule, mais voilà entrer sa fille dans la chambre en s'allongeant à côté d'elle sur son lit.
Non, mais ! tu vis dans mon ombre !
- On n'a pas resté assez de temps dans la baignoire pour nous rafraîchir un peu beaucoup.
Ah non, je t'en prie, ça suffit !
C'est alors que Christine se lança dans un verbiage long, abondant, ennuyeux et surtout endormant.

Chapitre 14

Une semaine s'écoula avec peu d'activités passées au ralenti, voire endormies. C'était le samedi. Sarah et Christine firent la grasse matinée.
Vers onze heures du matin, Sarah ouvrit les yeux sans le réveil du portable. Elle s'étira en bâillant puis elle sortit du lit pour aller réveiller sa fille.
- Ma petite princesse dorée, réveille-toi ! murmura-t-elle à l'oreille de sa fille. On va rendre visite à ta grand-mère.
Christine se dressa aussitôt sur son séant en disant :"Vous savez ce qu'elle a fait ? Votre connasse de fille !" à la manière de Regan MacNeil dans "The Exorcist".
Sarah se mit à rire. *Halloween !*
Elle quitta la chambre. Au bout de quelques minutes, elle arriva avec un plateau contenant une omelette baveuse, du pain frais et un verre de lait.
Elle posa le plateau sur le lit de sa fille et alla s'allonger sur son lit.
- Je veux bien que mon pépé nous emmène à l'hôpital, dit Christine, histoire de voir sa femme, ma mémé, qui ne l'a pas vu depuis son hospitalisation.
- Moi aussi, dit Sarah.
- Tu ne veux pas manger ? demanda Christine.
- Non.
- Pourquoi ?
- De peur d'être en proie aux flatuosités.
- Ah ! c'est pourquoi tu n'as pas bu de lait !
- Voilà !
- Mais tu devrais t'abstenir des aliments gras que tu aimes manger le dîner de chaque vendredi.
- Ah ! d'accord !
Sarah attendait que sa fille finisse son petit déjeuner en la regardant manger.
Une fois ce dernier pris, Sarah sortit du lit et alla ramasser le plateau et le verre en ordonnant sa fille de se changer. Puis elle sortit de la chambre pour aller faire la vaisselle.
En regagnant la chambre, elle découvrit que sa fille était en train d'enfiler son jean.
- Non ! As-tu oublié ce que nous avait dit ta grand-mère ? On devrait changer au moins un vêtement qu'on porte toujours afin de plaire à ma mère. Tu y es ?
Christine hocha la tête et alla chercher dans l'amas de vêtements jetés çà et là. Au bout de quelques instants, elle trouva une jupe à volants.
- Puis-je la mettre ? demanda-t-elle en montrant la jupe à sa mère.
- Mais comment donc ! dit Sarah.
Christine mit donc la jupe.
- Me voilà ! dit-elle en pivotant sur elle-même.
- Elle te va bien.
- Et toi ? Tu vas mettre quoi ?

- Je vais juste changer le chemisier. C'est tout.
- Ah bon !
Sur ce, Christine quitta la chambre.
Sarah ôta sa chemise de nuit et alla chercher dans l'amas de vêtements desquels elle tira un t-shirt et un jean qu'elle mit. Puis elle sortit de la chambre et entra dans la cuisine où elle remplit une bouteille de l'eau du robinet. Elle sortit de la cuisine, la bouteille à la main. Elle descendit les marches de l'escalier et alla mettre ses espadrilles. La petite princesse dorée était déjà debout, tout près de son grand-père qui dormait d'un sommeil se plomb. C'état la pénombre du salon, comme s'il s'agissait d'une scène où l'on attend que les lumières pour commencer. Sarah tira les rideaux. Au bout de quelques secondes, Jack ouvrit à demi les yeux en se défendant d'une main contre les rayons du soleil.
- Bonjour, pépé ! dit la petite-fille à la manière de l'hôtesse de l'air s'adressant à un passager.
Le grand-père ne répondit pas.
- Veux-tu nous emmener à l'hôpital ? demanda-t-elle.
Sans la regarder, Jack se dressa sur son séant et sortit du canapé en lui faisant signe que oui. Il sortit de la maison suivi par sa petite-fille qui lui emboîta le pas par amusement, sans qu'il s'en rendît compte, jusqu'à ce qu'il ouvre la portière par laquelle elle se glissa pour s'asseoir sur la place arrière. Sarah, par défaut de volonté, referma avec nonchalance la porte de la maison derrière elle et, à pas teintés de frissonnement, alla s'asseoir sur la place avant, la place du mort. Si ! si ! La place du mort puisque son père se tenait debout quand il conduisait. Tout le monde prêt (Sarah veillant à ce que la ceinture de sécurité les maintienne attachées à leur siège, elle et sa fille), le Toyota Tundra démarra. Tout le long du trajet, Jack et Sarah gardèrent le silence, sauf Christine, qui chantonnait "Shoo Fly, Don't Bother Me" de Larry Groce.

Shoo fly, don't bother me,
Shoo fly, don't bother me,
Shoo fly, don't bother me,
For I belong to somebody !

I feel, I feel, I feel like a morning star
I feel, I feel, I feel like a morning star

C'était une chanson lourde de sous-entendus. Sarah en écoutait les paroles tout en regardant son père de temps à autre du coin de l'œil. Après presque une vingtaine de minutes, les voilà arrivés là où se trouvait l'hôpital. La voiture se gara tout près de trois arbrisseaux qui se dressaient, à l'écart de quelques bosquets d'arbustes agrémentant les entours de l'endroit, comme trois petits soldats en uniforme dans une posture banale. Jack descendit de la voiture et sa

petite-fille sauta en trombe vers la portière ouverte puis elle se dirigea tout courant vers l'entrée de l'hôpital.
Une fois dedans, elle se trouva au milieu d'une dizaine de personnes, certaines assises, d'autres allaient et venaient. C'était l'heure de pointe. Un air d'espièglerie innocente dans le regard, la petite princesse dorée se mit à osciller sur place à titre folâtre sous les yeux noirs de la grosse Blanche, chargée de réception, qui faisait semblant de lui être indifférente en s'occupant de quelque fiche, apportant une attention plus ou moins soutenue à tel ou tel individu.
Voilà entrer Sarah et son père Jack qui tapota la joue de sa petite-fille à qui Sarah donna la main en l'emportant comme une douce bourrasque. Tous trois s'engagèrent dans un si étroit couloir. La grosse Blanche s'était contentée de leur adresser un sourire après un "Bonjour" en les suivant des yeux jusqu'au moment où ils disparurent.
Après quelques minutes, ils s'arrêtèrent devant une porte ouverte. Jack prit place sur une chaise près de la chambre. Sarah et Christine entrèrent dans la chambre en frappant à la porte.
- Bonjour, mémé ! dit Christine en souriant.
Sa grand-mère, gisant sur le lit, tourna vite les yeux vers elle et, avec un sourire expressif, outré, soigné et surtout malmené par la maladie :
- Oh ! quelle surprise ! Approche-toi. Viens me donner un bisou.
Christine se dirigea doucement vers elle et lui baisa la joue.
- Regarde-toi ! Quelle jolie jupe ! Elle te va à ravir. Tu as fait ce que je t'avais dit. Ce que tu es ravissante !
Christine lui sourit, port sage.
Sarah laissa la porte entrouverte et alla baiser sa mère sur la joue.
- Voilà une bouteille d'eau au cas où tu aurais besoin de l'eau.
- Oh ! merci.
Puis Sarah s'assit sur la chaise simple en métal, serrant sa fille dans ses bras.
- C'est George qui vous a emmenées jusqu'ici ? demanda madame Leaderway.
- Non, c'est mon père, répondit Sarah.
- Où est-il ?
- Il est là, assis près de la chambre. Il m'a dit qu'il voulait *bien* te jeter un coup d'œil.
- Qu'il entre ! ordonna madame Leaderway.
Sarah alla appeler son père qui entra timidement dans la chambre en s'approchant comme un enfant sans mère. La malade tourna la tête de l'autre côté comme si la présence de Jack était indésirable.
- Bonjour, madame Leaderway ! dit-il en tenant la main de son épouse à pleines mains avec le sourire et le regard de Norman Osborn s'adressant à Marry Reilly Parker quand cette dernière le reçoit chez elle, accompagné de son fils Harold Osborn, dit Harry.
Madame Leaderway remarqua qu'il tenait sa main avec dureté, ce qui lui faisait mal. Elle grimaça de douleur, son époux esquissant un sourire diabolique.

Mais finalement elle imagina un truc pour se débarrasser de lui.
- Oh là là ! quelle douleur ! dit-elle. Sarah ! Regarde ça ! Ma main !
Terrifiée, sa fille se leva brusquement et tendit une main vers elle en poussant son père par inadvertance, ce qui obligea ce dernier à reculer en lâchant la main de son épouse.
- Qu'est-ce que tu as ? s'inquiéta la fille.
- Je ressens une douleur dans la main, se plaignit la malade.
La fille foudroya son père du regard. Celui-ci eut un sourire malicieux et sortit de la chambre.
- Ouf ! bon débarras, dit madame Leaderway avec un soupir de soulagement. Sa façon dont il a tenu ma main m'a fait mal. Je ne sais pas s'il l'a fait exprès. Est-il encore là ?
Sarah alla jeter un coup d'œil hors de la chambre.
- Non, il est parti, dit-elle en reprenant sa place, amenant sa fille vers elle, la serrant dans ses bras.
- À vrai dire, il en use avec moi avec désinvolture et rudesse, dit madame Leaderway. Je l'ai longuement toléré avant de finir par attraper ce beau Guillain-Barré. Ah ! si je ne l'avais pas marié ! Je m'en prends à mes parents qui m'ont forcée de l'épouser contre mon gré.
Sarah avait la gorge serrée par la tristesse. Elle prit la bouteille et but au goulot.
- J'ai besoin d'uriner, dit madame Leaderway.
Sarah la regarda d'un air étrange.
- Tu veux aller au lavabo ? demanda-t-elle.
Sa mère en rit.
- Je ne peux même pas bouger de mon lit.
- Alors comment tu fais pour uriner ?
- Je fais pipi dans mes couches.
- Ah, bon ?
- Et j'y défèque aussi.
Christine eut un rire.
- Et on ne me change les couches qu'après une puanteur pestilentielle, renchérit la grand-mère, aiguillonnant à plaisir le ricanement de la petite-fille. À propos, Sarah, j'ai quelque chose de très important à te dire. À part les joies du mariage, j'avoue que le jour, où je t'ai donné naissance, est l'un des plus beaux jours de ma vie.
Sarah sourit en jetant un regard à sa fille qu'elle tenait entre ses bras.
- Moi aussi. J'avoue que Christine est la plus belle chose qui me soit jamais arrivée.
- Tu vois comment je suis maintenant ? Je suis engourdie sans pouvoir marcher, se plaignit le patient.
Sarah posa une main sur la sienne comme pour compatir à sa souffrance.

- Tu as une main un peu froide, constata la malade, mais tes paroles sont toujours chaleureuses. Pas comme ton père à qui je ne fais ni chaud ni froid.
- Mémé ?
- Oui ?
- Pourquoi tes parents t'ont forcée-t-ils d'épouser mon pépé ?
- Oh ! c'est une question pertinente. Tout simplement pour qu'on m'appelle "madame Leaderway", voilà tout. En fait, "Leaderway" veut dire "la voie du leader", c'est-à-dire la conduite qui réussit à ce leader.
- Mais c'est qui, ce leader ? s'enquit la petite-fille.
- Celui qui eut un rôle important dans la guerre d'indépendance de notre pays. Il s'agit du bisaïeul du bisaïeul de Patrick Leaderway.
- Patrick Leaderway ? s'exclama la petite-fille.
- Oui, c'est le bisaïeul de ton grand-père. Autrement dit, c'est le mari de Lisa Somahugs.
- Lisa Somahugs est donc la bisaïeule de mon pépé, enchaîna Christine.
- Exactement. Lisa était l'un des membres éminents de l'Association internationale des assemblées de Rebekah, aussi connue sous le nom de Rebekahs, dont Abel Dougherty Helman, le premier pionnier d'Ashland.
Sarah et Christine échangèrent un regard curieux.
- Mais comment sais-tu tout ça ? demanda Christine, curieuse.
- C'est ma belle-sœur qui me l'avait dit quelques jours avant sa mort, il y a plus de trente ans. À l'époque, ta maman avait à peine trois ans.
Sarah ne s'en souvenait presque rien, mais cela excita sa curiosité.
- Est-ce que ma tante vivait avec toi ? demanda-t-elle.
- Oui, elle et moi vivions sous le même toit, dans la maison où tu habites maintenant. En effet, la demeure est une propriété par voie de succession. Lisa a tout précisé sur son testament en y couchant ceux et celles devant être légataires. Moi, j'en fais partie puisque je suis l'épouse de Jack Leaderway, son arrière-petit-fils.
- Comment ma tante est-elle décédée ?
- D'amertume.
- Amertume ?
- Oui, parce que son frère a usurpé les quelques sommes lui appartenant. Sa mort m'a fait battre le cœur.
La haine que Sarah avait pour son père devenait désormais de taille.
- Mémé ?
- Oui ?
- Parle-nous un peu de Lisa Somahugs.
- D'accord. Tout d'abord, je tiens à préciser que "Somahugs" est en réalité "So many hugs". L'histoire remonte au déluge lorsque l'ancêtre découvrit que ses enfants aimaient échanger des caresses. Les Somahugs ont cela dans le sang. C'est pourquoi je te vois souvent, toi Sarah, tenir ta fille dans les bras avec des caresses tendres. (Sarah regarda sa fille en lui souriant, la caressant) Ce qu'il y

a d'étrange, c'est que mon époux n'aime ni câliner ni être câliné. Je me demande si cela a rapport à ces forces internes et externes qui influencent le comportement d'un individu. Le père de la psychologie de la personnalité, Gordon Willard Allport, les a appelées génotypes et phénotypes. Oh ! je me suis lancée dans la discussion si bien que j'ai oublié l'eau. Je veux boire.
Sarah prit la bouteille, souleva doucement la tête de sa mère d'une main et de l'autre se mit à lui donner à boire au goulot, à petites gorgées
- Ça me suffit, dit madame Leaderway. Revenons à nos moutons. Lisa était journaliste et poète. Elle a travaillé pour le New York Evening Telegram, fondé par Gordon Bennett en 1867. Et c'est grâce à un poème faisant partie d'un article, publié en 1902, que Lisa a pu adhérer à "The Daughters of Rebekah" par l'intermédiaire de Julia Boggs Grant, la première dame des États-Unis. Si j'ose dire, le poème fait l'éloge de cette dernière. Il a été publié le 5 février 1902, presque dix mois avant la mort de Julia Grant le 14 décembre 1902. Je veux dire aussi que Lisa te ressemble bien, toi Sarah. Je parle de la similitude de traits du visage.
Christine leva les yeux vers sa mère qui lui sourit.
- Tu veux dire que Lisa avait de grosses joues, c'est ça ?
La grand-mère s'esclaffa au point d'être étouffée.
- Oui, dit-elle d'une voix étouffée, ou plutôt des pommettes auxquelles le rouge remontait. Vous pouvez, toi et ta maman, constater cela sur son portait photographique qui est dans le salon, juste au-dessus de la télé. C'est un très joli portrait, mis dans un cadre et rehaussé de couleurs d'aquarelle.
On entendit frapper à la porte.
- Bonjour !
C'était le docteur John accompagné de la kiné. Ils entrèrent dans la chambre.
Le docteur John serra la main à Sarah et sa fille puis il posa une main sur le buste de la malade.
- Comment allez-vous, madame Leaderway, demanda-t-il.
- Me voilà ! Je suis malade, engourdie. Je ne peux même pas marcher. Je suis tellement fatiguée.
- À part la maladie, c'est normal de vous sentir fatiguée car vous n'êtes plus très jeune, dit-il avec un sourire.
- Ah oui !
Il s'excusa en faisant signe à Sarah de le suivre. Sarah se leva et l'accompagna, laissant sa fille avec sa grand-mère et la kiné.
- Comme je vous l'avais déjà expliqué, commença le docteur John une fois hors de la chambre, le syndrome de Guillain-Barré est en fait une atteinte des nerfs périphériques, d'où cette faiblesse musculaire et la paralysie qui s'installe. Pour réparer les nerfs, il n'existe pas encore de traitement, votre mère doit donc attendre patiemment la récupération naturelle des nerfs. Un processus long qui dure souvent plusieurs mois. Mais rassurez-vous, il y a la kiné qui veille à ce

que la malade ne garde pas trop de séquelles de sa paralysie. La kinésithérapie permet également d'éviter les rétractions musculaires et l'ankylose.
- D'accord, docteur.
Puis le docteur John s'en alla et Sarah entra dans la chambre où elle trouva la kiné en train de masser sa mère.
Sarah reprit sa place en serrant sa fille dans les bras.
- Rien de tel que le massage pour me détendre, dit madame Leaderway. Ça me procure un peu plus de plaisir (la kiné sourit). Là, là, tout doux, mon ange ! Vous me pétrissez fort la jambe.
- Je fais mon travail, dit la kiné avec un sourire.
Il y eut un silence.
- Ça y est ! reprit la kiné. C'est fini pour aujourd'hui. Je vous souhaite une agréable journée, madame Leaderway.
Puis elle gratifia tout le monde d'un large sourire et quitta la chambre.
La malade l'avait suivie des yeux jusqu'à ce qu'elle eût disparu.
- Quelle heure est-il maintenant ?demanda madame Leaderway.
- Je ne sais pas. Je laisse mon portable à la maison.
- Je veux juste savoir si c'est l'heure de déjeuner.
- Tu n'as pas encore déjeuné ?
- Tu oublies vite. Je t'ai déjà dit que je ne mangeais pas. C'est de ce tube creusé dans ma main gauche que j'absorbe de la nourriture. Tu le vois ?
Sarah se leva en se penchant vers le côté gauche du lit et remarqua qu'il y avait toujours le liquide jaunâtre qui coulait dans un tube allant de la main gauche de sa mère jusqu'à une machine placée juste contre le mur.
- Oui, dit-elle en reprenant sa place, serrant sa fille contre elle.
- Et j'ignore ce que contient cette nourriture, dit madame Leaderway. La seule chose que je sais, c'est qu'elle me donne de la force. J'en doute.
- Quoi qu'il en soit, j'espère que tu guériras bientôt.
- Et vous ? Toi et Christine ? Avez-vous déjeuné ?
- Non, pas encore. On va déjeuner à la maison.
Sarah baisa sa mère sur la joue en lui disant :
- Je te laisse maintenant. On te reverra samedi prochain, d'accord ? Prends soin de toi.
- Toi aussi. Prends soin de toi.
Christine baisa à son tour sa grand-mère sur la joue en lui disant d'une voix presque feutrée:
- Au revoir mémé.
Sarah et Christine étaient sur le point de quitter la chambre quand Sarah entendit l'appeler par son nom. Elle se retourna et alla se pencher vers sa mère qui lui chuchota à l'oreille :
- J'ai mis des clés sous la moquette grise, juste au-dessous de la télé. Prends les clés pour ouvrir ma chambre où tu trouveras, sans un tiroir de l'armoire, une grande enveloppe. Apporte-la-moi pour voir ensemble ce qu'il y a dedans.

- D'accord, dit Sarah en baisant sa mère au front.
Puis elle quitta la chambre en donnant la main à sa fille.
Toutes deux marchaient dans un couloir étroit au milieu des personnes et quelques blouses qui allaient et venaient.
Au bout de quelques minutes, les voilà dehors.
Elles cherchèrent maintenant qui pourrait les ramener à la maison.
- Maman ?
- Oui ?
- Qui pourrait nous ramener à la maison ? demanda Christine, les yeux étincelant plus vivement sous les rayons du soleil doux et brillant.
- T'inquiète pas. On va sûrement le trouver, dit Sarah en caressant la joue de sa fille, le sourire aux lèvres.
Alors qu'elles attendaient, debout, voilà passer juste devant elles la Mercedes grise qui s'arrêta net.
C'était lui, le Blanc au visage adipeux.
La vitre s'ouvrit. Il leur fit signe de monter en brandissant la main. Elles montèrent. Sarah prit la place avant; Christine la place arrière.
À sa grande surprise, Sarah vit l'homme lui tendre la main en disant :
- Marc Chrowch, banquier.
Sarah serra sa main moite dans la sienne.
- Enchantée.
- Puis-je savoir à qui j'ai l'honneur ? demanda-t-il.
- Sarah Leaderway.
- Joli nom. Et que faites-vous à l'hôpital ?
- Je rends visite à ma mère atteinte du syndrome de Guillain-Barré.
- Je suis désolé d'entendre cela. Dieu fasse qu'elle soit bientôt guérie.
- Merci.
- Moi je rends visite à ma femme qui est malade du cœur.
- Je suis désolée pour elle. Dieu fasse qu'elle soit bientôt guérie.
- Merci. C'est votre fille ? demanda-t-il en désignant du pouce Christine qui esquissa un sourire.
- Oui, c'est ma fille. Ma petite princesse dorée.
- Elle est très jolie.
- Merci.
- Elle va à l'école ?
- Oui.
- Et vous ? Vous faites quoi dans la vie ?
- J'ai un high school diploma, mais je ne travaille pas.
- À vrai dire, beaucoup de personnes ont perdu leur emploi. On s'en prend à cet économiste du courant nouveau keynésien ou nouvelle économie keynésienne qui est une école de synthèse entre le keynésianisme et l'école néoclassique. Cette crise comporte souvent des répercussions sur le niveau des salaires et la

valeur du capital, provoque des faillites et du chômage, accroît les tensions sociales et politiques, et peut même avoir des répercussions sanitaires.
Un ange passa.
Au bout d'une bonne demi-heure, la voiture déposa Sarah et Christine près de la maison. Sarah remercia l'homme qui démarra vite.

Sarah et Christine entrèrent dans la maison. Celle-ci ôta ses espadrilles, les remit en place et monta les marches de l'escalier vers la chambre. Celle-là remit les clés de la maison en place, ôta à son tour ses espadrilles et les remit en place. Mais elle ne ferma pas les rideaux puisqu'elle voulait d'abord jeter un coup d'œil sur le portrait photographique de la mère de son bisaïeul.
Elle était désormais debout devant le portrait, le contemplant. Puis elle se dressa sur la pointe des pieds pour mieux voir les petits détails. *Oui, elle me ressemble bien. Nez en pied de marmite.*
Enfin elle alla fermer les rideaux et se dirigea vers la salle de bains de laquelle elle sortit après quelques minutes pour monter les marches de l'escalier vers la cuisine où elle préparait le déjeuner. C'était du pain recouvert du fromage avec des tomates coupées en tranches très minces ! Elle apporta ceux-ci dans deux assiettes vers la chambre où Christine était allongée sur son petit lit.
Sarah posa les deux assiettes sur son lit et y prit place, les jambes croisées.
Christine sortit de son lit et alla rejoindre sa mère en s'asseyant en face d'elle, les jambes croisées. Puis, prenant une tranche de tomate :
- Maman ?
- Oui ?
- L'homme, qui nous a ramenées à la maison, a enfin parlé.
Sarah sourit.
- Oui, je le croyais timide.
- Pas comme George, notre voisin, qui ne parle guère quand il conduit.
- Après tout, on ne devrait pas parler quand on conduit pour notre sécurité.
- Ah bon ! dit Christine en prenant un petit morceau de la tranche de tomate du bout des dents.
- C'est bon ! ajouta-t-elle en mâchant.
- Oui, tout à fait, dit Sarah qui mâchait déjà du pain.
- Ma mémé nous a parlé de la mère de ton bisaïeul et de bien d'autres choses, mais elle a parlé d'une manière défavorable de mon pépé. Je me demande s'il est méchant à tel point.
Sarah avala un morceau de la tranche de tomate et sortit du lit.
- Mais on n'a pas encore fini le déjeuner.
Sarah quitta déjà la chambre et descendit au salon où elle alluma la télé, prit place sur le canapé, regardant la télé.
Au bout de quelques minutes, voilà sa fille la rejoindre en prenant place à côté d'elle.

Toutes deux regardaient la télé jusqu'à ce que la nuit tombe. Puis en atteignant la télé elles montèrent les marches vers la chambre où Sarah aida sa fille à faire son devoir. Elle lui lut ensuite une page de "Rapunzel's revenge" avant de ôter leurs vêtements et mettre leur chemise de nuit pour dormir.

Chapitre 15

Vers huit heures du matin, Christine ouvrit les yeux. Elle sortit du lit, alluma la lumière et alla chercher dans son cartable duquel elle tira un objet qui n'était autre que deux stylos Bic scotchés en forme de crucifix.
Puis elle revint s'allonger sur son petit lit en criant :"Laisse Jésus te baiser ! Laisse Jésus te baiser ! Laisse-le te baiser", faisant semblant de poignarder la cuisse avec l'objet.
Sarah l'entendit et se jeta aussitôt sur elle pour l'empêcher, mais la fille lui saisit la tête qu'elle projeta contre la cuisse en criant :"Lèche-moi. Lèche-moi" avant de finalement la gifler.
- Tu m'as giflée ? dit Sarah, la main sur la joue.
Christine avait le fou rire.
- Je ne l'ai pas fait exprès, dit-elle, toujours rieuse.
Elles venaient de jouer une scène comme dans "The Exorcist".
La mère se jeta sur sa fille et se mit à lui emmêler les cheveux à titre folâtre en disant :"Laisse Jésus te baiser ! Laisse Jésus te baiser". La fille ne pouvait s'empêcher de rire. Puis la mère la laissa.
- J'ai failli mourir de rire, dit la fille dont le visage devenait rougeâtre à force de rire.
La mère lui sourit et sortit de la chambre qu'elle regagna après quelques minutes, apportant deux assiettes contenant chacune du pain frais recouvert du fromage et un verre de lait.
La mère posa les deux assiettes sur son lit et y prit place, les jambes croisées.
La fille sortit de son petit lit et alla rejoindre sa mère en s'asseyant en face d'elle, les jambes croisées.
- C'est Halloween, dit Christine. Je veux bien me déguiser en Regan MacNeil.
Sarah hocha la tête.
Toutes deux mangeaient. Une fois le petit déjeuner pris, Sarah ramassa les deux assiettes pour aller les poser dans la cuisine.
Elle regagna la chambre où elle trouva sa fille debout, un feutre rouge à la main.
- Tiens ! dit Christine en tendant le feutre. Je veux que tu griffonnes sur mon visage en faisant en sorte qu'il soit comme ensanglanté, sans exagération.
Sarah s'exécuta.
- Te voilà prête ! dit-elle.
- Je vais me regarder dans le miroir.
Sur ce, Christine sortit de la chambre tout courant.
Puis, Sarah sortit de la chambre dès qu'elle entendit sa fille l'appeler depuis le salon.
- Je vais sortir.
- Tu ne veux pas prendre de quoi manger ? demanda Sarah depuis le palier.

- Non. Bye ! dit Christine en brandissant une main avant de sortir de la maison.
Sarah était donc seule à la maison avec son père qui ronflait sur le canapé.

Aux Etats-Unis, la soirée de Halloween est une véritable institution à laquelle tout le monde participe, du plus petit au plus grand.
Il n'y a pas que les enfants qui se déguisent. Dès le matin du 31 octobre, les adultes se mettent au goût du jour : des cravates, des pulls, des bijoux, et certains se déguisent. Dans les plupart des milieux professionnels, il serait malvenu de ne rien avoir...Dès le début du mois d'octobre, on voit apparaître des maisons hantées à tous les coins de rue, des fantômes sur le pas des maisons, des citrouilles plus décorées les unes que les autres.
Si les enfants raffolent d'Halloween, c'est pour la même raison qu'ils aiment se déguiser : ils peuvent laisser libre cours à l'imagination, au monde des rêves. Imaginez leur plaisir, pour une fois un enfant peut aller faire peur au monde des adultes... déguisement, maquillage, mais pas seulement sur le thème d'Halloween, des princesses, des personnages préférés des enfants côtoient les plus ignobles monstres.
Dès 18 h, on voit des enfants qui s'impatientent. L'excitation est à son comble ! L'équipement indispensable : le sac pour mettre la récolte de bonbons. Et tout le monde se focalise aussi sur les consignes de sécurité, la télé, les journaux, l'école : pas de parade sans adulte présent, toujours une lampe de poche, et surtout ne frapper qu'aux portes des maisons éclairées, et décorées, n'accepter que des bonbons emballés...
Qui reste à la maison pour accueillir les enfants, qui part jeter des sorts ? Les enfants préfèrent sans hésitation la deuxième solution. La joie de découvrir les petits amis déguisés est un moment mémorable. Mais les surprises n'en finissent pas : arrivée au pas des portes, les enfants découvrent des portes qui grincent, des voix qui hurlent, des fantômes qui apparaissent, mais pas question de se laisser impressionner...
Dès que la porte s'ouvre, les enfants prononcent la formule magique « trick or treats » (une friandise ou une farce), parfois terrifiant dès qu'ils sont plus grands, parfois inaudibles pour les plus petits. Et là le miracle se produit, l'adulte arrive avec des saladiers immenses de bonbons et de gâteaux. Les mains plongent et ressortent pleines à chaque fois. Ce n'est pas un ou deux bonbons. Le visage des enfants est émerveillé, le « Thank you » de rigueur et déjà la course reprend...
Et quand arrive l'heure de se coucher, les enfants sont exténués d'avoir autant marché, d'avoir crié. Il est temps de compter les bonbons, cela se chiffre en kilos, un petit tri rapide pour éliminer tout ce qui pourrait être suspect, les provisions sont faites.... Pour au moins un an de bonbons !

Sarah avait passé toute la journée à la maison : à regarder la télé, à manger un peu, à lire un peu, à s'ennuyer même.

Vers dix-neuf heures et demie, Sarah était allongée sur le canapé en train de regarder la télé quand elle entendit frapper à la porte.
Elle sortit du canapé et alla ouvrir la porte.
C'était Christine qui entra dans la maison dès que la porte s'ouvrit.
- C'est curieux, dit-elle, haletante d'avoir couru, les groupes se sont croisé, interpellé. Les voisins ont discuté entre eux, assises à la porte des maisons, dans des fauteuils...
Sarah regarda sa fille qui tenait un sac à la main. Le sac pour mettre la récolte de bonbons !
- Qui t'a donné ce sac ?
- Une voisine.
- Ah, bon ? Et qui t'a donné à manger ?
- Halloween, c'est le jour où la porte est grande ouverte et très accueillante. Nous avons pris de la nourriture chez des voisins, moi et certains enfants.
- Ah bon !
- Tu as perdu une belle occasion de sortir.
- Ah oui !
Sarah jeta un coup d'œil sur les pieds nus de sa fille.
- Regarde-moi ces pieds sales ! Va à la salle de bains pour te laver la figure et les pieds ! Dépêche-toi ! ordonna-t-elle d'un ton grave.
La fille s'exécuta.
Au bout de quelques minutes, Christine sortit de la salle de bains et alla prendre le sac qu'elle avait mis sur le canapé avant d'aller à la salle de bains.
- Regarde !
Sarah jeta un coup d'œil sur le contenu du sac.
- Ah ! des petits sachets de bonbons en forme de citrouilles !
- C'est très joli, n'est-ce pas ?
- Oui, c'est très beau.
- À propos, maman, j'ai vu notre voisin George se déguiser en zombie comme dans "Day of the Dead".
- Ah, bon ?
Christine prit une vidéocassette, la mit dans le magnétoscope et prit place sur le canapé.
- Assieds-toi, dit-elle. On va regarder "The Exorcist" pour nous faire peur.
Sarah s'assit à son tour sur le canapé, à côté de sa fille.
Toutes deux regardaient le film d'horreur jusqu'à la fin. Puis en atteignant la télé et la lumière elles montèrent les marches de l'escalier vers la chambre pour dormir.

Chapitre 16

Une semaine s'écoula. C'était le samedi. Sarah et Christine firent la grasse matinée. Vers onze heures, Sarah ouvrit les yeux sans le réveil du portable qu'elle n'avait pas réglé à l'heure ordinaire. Elle s'étira, bâilla et sortit de son lit. Elle alluma la lumière et alla se pencher vers sa fille en lui murmurant à l'oreille:
- Ma petite princesse dorée, réveille-toi ! Aujourd'hui, on va rendre visite à ta grand-mère.
Christine esquissa un sourire radieux, les yeux toujours fermés. Elle semblait être dans une bonne lune. Elle ouvrit à demi les yeux en souriant à sa mère qui lui fit un baiser tendre et qui quitta ensuite la chambre, la laissant sortir du sommeil peu à peu. Au bout de quelques minutes, la mère arriva avec un plateau contenant une omelette baveuse, du pain frais et deux verres de lait. Elle posa le plateau sur le petit lit et y prit place.
- Allez ! dit-elle en tapotant les pieds de sa fille qui se dressa aussitôt sur son séant.
- C'est George qui va nous emmener à l'hôpital, n'est-ce pas ?
- Oui, c'est lui, dit Sarah qui avait déjà la bouche pleine.
- Ah ! tu manges maintenant ! Tu as suivi mon conseil en t'abstenant des aliments gras.
- Oui, merci.
Toutes deux mangeaient. Une fois le petit déjeuner pris, Sarah ramassa le plateau et sortit de la chambre en ordonnant sa fille de se changer.
Après avoir fait la vaisselle, elle regagna la chambre où elle trouva sa fille prête. Celle-ci, qui portait une jupe au genou différente de celle du samedi dernier, sortit de la chambre.
De l'amas de vêtements, Sarah tira un tee-shirt différent de celui du samedi dernier. Elle ôta sa chemise de nuit et mit le tee-shirt avec son jean habituel.
Puis elle sortit de la chambre et descendit au salon où elle prit des clés sous la moquette grise, juste au-dessous de la télé. Puis elle monta les marches de l'escalier vers la chambre de sa mère, attenante à la sienne, dont elle ouvrit la porte et qu'elle quitta ensuite en refermant la porte, une grande enveloppe à la main.
Elle redescendit au salon où elle remit les clés en place, mit ses espadrilles, prit les clés de la maison, tira les rideaux et sortit en refermant la porte derrière elle.
La Fiat noire l'attendait déjà devant la maison. Sarah monta dans la voiture en prenant la place avant; Christine était déjà assise à la place arrière.
Le véhicule démarra. Tout le long du trajet, Sarah et George gardèrent le silence, sauf Christine qui chantonnait "Did You Ever See a Lassie" de Larry Groce :

Did you ever see a lassie, a lassie, a lassie?

Did you ever see a lassie go this way and that?
Go this way and that way and this way and that way?
Did you ever see a lassie go this way and that?

Did you ever see a laddie, a laddie, a laddie?
Did you ever see a laddie go this way and that?
Go this way and that way and this way and that way?
Did you ever see a laddie go this way and that?

Did you ever see a lassie, a lassie, a lassie?
Did you ever see a lassie go this way and that?
Go this way and that way and this way and that way?
Did you ever see a lassie go this way and that?

Au bout d'une bonne demi-heure, les voilà arrivés. Ils descendirent du véhicule. Sarah et George donnèrent la main à Christine qui se mit à sauter, après un "Allez, hop ! Hop là !", jusqu'à l'entrée de l'hôpital, là où Sarah et George lâchèrent Christine au milieu d'une dizaine de personnes, certaines assises, d'autres allaient et venaient.

Tous trois s'engagèrent dans un si étroit couloir. La grosse Blanche s'était contentée de leur adresser un sourire après un "Bonjour !" en les suivant des yeux jusqu'au moment où ils disparurent.

Après quelques minutes, ils s'arrêtèrent devant une porte ouverte. George prit place sur une chaise près de la chambre. Sarah et Christine entrèrent dans la chambre en frappant à la porte.

- Bonjour, mémé ! dit Christine en souriant.

Madame Leaderway, gisant sur son lit, tourna vite les yeux vers elle et, avec un sourire expressif, outré, soigné et surtout malmené par la maladie :

- Oh ! quelle surprise ! Approche-toi. Viens me donner un bisou.

Christine se dirigea doucement vers elle et lui baisa la joue.

- Regarde-toi ! Quelle jolie jupe ! Elle te va à ravir. Ce que tu es ravissante !

Christine lui sourit, port sage.

Sarah laissa la porte entrouverte et alla baiser sa mère sur la joue.

- Voilà l'enveloppe que tu m'as demandé d'apporter.

- Oh ! c'est bien.

Puis Sarah posa l'enveloppe sur le buste de sa mère et s'assit sur la chaise simple en métal, serrant sa fille dans ses bras.

- C'est Jack qui vous a emmenées jusqu'ici ? demanda madame Leaderway.

- Non, c'est George, répondit Sarah.

- Où est-il ?

- Il est là, assis près de la chambre. Il nous attend.

- D'accord. Tu peux ouvrir l'enveloppe.

Sarah prit l'enveloppe et l'ouvrit. Elle glissa une main dedans et se mit à en tirer des photos, une coupure de journal et quelques papiers. Elle posa ceux-ci par terre, faute de ce sur quoi ils devaient reposer.
- On va commencer par les photos, dit madame Leaderway. Elles sont numérotées. C'est comme si on cherchait à écrire une vie de Lisa Somahugs.
Sarah chercha dans les photos et en prit une.
- Voilà la photo numéro 1, dit-elle en faisant voir la photo à sa mère.
- C'est une photo montrant Lisa quand elle était gamine, dit madame Leaderway.
Christine subtilisa la photo à la main de sa mère.
- C'est une photo en noir et blanc.
- Oui, car la photographie en noir et blanc était encore en vigueur à l'époque, dit la grand-mère. C'est une photo prise en 1885.
- Elle était svelte, au visage émacié, comme toi, maman, sur la photo que tu m'as montrée un jour. Souviens-toi-en ?
Sarah hocha la tête.
- Mais elle avait les cheveux en torsade, tu vois ? Pas comme toi, maman.
Sarah ne dit rien.
- On la voit seule sur la photo. N'avait-elle pas des frères, des sœurs ?
- Non, répondit la grand-mère. Elle était la fille unique de ses parents.
- On voit une maison derrière elle, avec un jardin. Était-ce sa demeure ?
- Oui, répondit la grand-mère, ou plutôt celle où elle vivait avec ses parents dans "la ville des chênes".
- "La ville des chênes" ? s'exclama la petite-fille.
- C'est un surnom par lequel on désigne Raleigh, la capitale et la deuxième ville de l'État de Caroline du Nord, en raison des chênes plantés en nombre à travers la ville. Tu peux maintenant me montrer la deuxième photo.
Sarah chercha dans les photos et en prit une.
- La voilà ! dit-elle en faisant voir la photo à sa mère.
- C'est une photo montrant Lisa avec ses parents. C'est une photo prise en 1884. Le père s'appelait Kevin Somahugs, le mère Clara Fresh.
La photo montrait Lisa avec son père posant une main sur l'épaule de sa fille tout en se penchant vers elle. La mère, elle, était debout.
Christine subtilisa la photo à la main de sa mère en se débarrassant de la première photo.
- On lui compterait les côtes.
- Qui ? s'enquit la grand-mère.
- Clara Fresh.
Madame Leaderway rit malgré elle. Sarah aussi.
- C'est à cause de cette maigreur qu'elle mourut, dit madame Leaderway. Clara est morte d'un arrêt du cœur à la suite des troubles liés au rythme cardiaque. Cela est dû initialement au trop peu de minéraux dans le sang, au trop peu de protéines et de vitamines. Le cœur travaille moins bien, la pression sanguine

chute, le pouls ralentit. Clara était mère au foyer. Elle a rendu le dernier soupir à l'âge de 34 ans, l'été de 1888. Lisa était donc orpheline de mère dès l'âge de 14 ans. Et c'est son père qui s'est occupé d'elle jusqu'à ce qu'elle atteigne l'âge de 18 ans. Elle a ensuite quitté la maison pour poursuivre ses études universitaires à North Carolina College of Agriculture and Mechanic Arts. Mais elle n'a pas réussi à obtenir un diplôme puisqu'elle n'a eu qu'une année d'études. Vous allez peut-être me demander comment elle a fait pour devenir journaliste. En effet, elle a rencontré par hasard un ami de Gordon Bennett lors d'un séjour à New York. Gordon Bennett rédige la rédaction du journal de New York depuis Paris, ou à bord de son luxueux yacht de cent mètres de long. Lisa a fait son profit de quelques livres que Gordon Bennett a envoyé à son ami qui a initié Lisa au journalisme en brûlant les étapes. Il y avait des livres écrits en anglais en rapport avec le métier de journaliste, mais il y avait aussi des livres écrits en français, notamment des romans et des recueils de poèmes des grands écrivains et poètes français du dix-neuvième siècle tels que Victor Hugo, Charles Baudelaire, Alphonse de Lamartine, Émile Zola etc. C'est ainsi que Lisa était devenue amoureuse de la langue française et s'est consacrée à l'apprentissage de cette langue. Bien sûr, les débuts n'étaient pas si éblouissants, mais Lisa avait de l'ambition. Lisa a pu concilier le journalisme et l'apprentissage du français. À force de parler, j'ai soif. Je veux boire.

La petite bouteille, que Sarah avait trouvée dans un recoin, était toujours là. Mais il n'y avait que peu d'eau dedans.

Sarah prit la bouteille, souleva doucement la tête de sa mère d'une main et de l'autre se mit à lui donner à boire au goulot, à petites gorgées.

- Ça me suffit, dit madame Leaderway qui s'humecta les lèvres. Tu peux maintenant me montrer la troisième photo.

Sarah reprit sa place, serrant sa fille dans les bras. Puis elle chercha dans les photos et en prit une.

- La voilà ! dit-elle en faisant voir la photo à sa mère.

- C'est une photo montrant Lisa dans son bureau de travail, en train de taper des textes à la machine quand elle était encore une jeune stagiaire. Vous voyez cet homme penché vers elle ? L'homme à qui elle semblait attachée ? C'était une ambiance chaleureuse avec les autres ayant le nez sur leur travail, s'y appliquant avec ardeur. Tu peux maintenant voir les photos numérotées 4, 5, 6, 7, 8.

Sarah chercha dans les photos et en tira cinq.

- Voilà la photo numéro 4 ! dit-elle en montrant la photo à sa mère.

- C'est une photo montrant Lisa avec Julia Grant.

Christine subtilisa la photo à la main de sa mère.

- Elle était grosse.

- Qui ? s'enquit la grand-mère.

- Julia Grant.

Madame Leaderway eut un petit rire.

- Oui, elle était grosse et atteinte de strabisme. Les autres photos numérotées 5, 6, 7, 8 sont des photos montrant Lisa avec des membres éminents de "The Daughters of Rebekah", dont Abel Dougherty Helman, le premier pionnier d'Ashland. Il apparaît sur la photo numéro 7. Il est la quatrième personne en allant de droite à gauche.
Sarah regarda les photos et les passa à sa fille au fur et à mesure.
- Tu peux maintenant prendre la coupure de Journal le New York Evening Telegram dans lequel on trouve le poème qui fait l'éloge de
Julia Grant.
Sarah prit la coupure de journal et chercha le poème.
- Mais je ne le vois pas, dit-elle.
- C'est un poème écrit en français, en petits caractères, au bas de la page.
Sarah chercha encore le poème, mais finalement elle le trouva.

Oh ! la grande dame ! dame de haut lignage !
Votre geste d'autorité est en honneur.
Vous avez du jugement, vous êtes bien sage.
Comme le nous savons, vous prenez tout à cœur.

Ô allure, ô caractère, ô noblesse d'âme !
Vous êtes majestueuse, vous avez grand air.
Vous êtes de haut lignage, une noble dame.
J'aime bien vous voir, vous, au visage si cher.

- Je ne comprends pas le français, dit-elle.
- Moi non plus, dit madame Leaderway. Je crois que Julia Grant a adoré le poème, non seulement parce qu'il fait son éloge, mais aussi parce qu'il a été écrit en français, la plus belle langue du monde.
- Si j'ai bonne mémoire, dit Sarah, je crois avoir entendu Lisa en rêve. Des paroles que je n'ai pas comprises.
- Oui, ça devait être elle car elle n'écrivait les poèmes qu'en français, dit madame Leaderway. Tu peux maintenant prendre un papier plié en trois.
Sarah chercha dans les photos et en tira un papier qu'elle déplia.
- C'est une lettre, dit-elle.
- Oui, dit madame Leaderway, ou plutôt une lettre d'amour. Tu peux la lire ?
Sarah lut la lettre.
"Mon petit cœur,
Je t'écris ce petit mot ce matin après une nuit d'encre, dont seuls toi et moi étaient l'étoile double, l'une absorbe l'autre, éprise l'une de l'autre, au point d'être au septième ciel.
Comme j'ai trop souci d'une lettre de ma plus belle encre, j'ai brûlé d'impatience pour te déclarer ma flamme.

Tu me sais bourreau des cœurs, mais pourtant dans le creux de la vague. Je suis une plante de serre, alors sois un ange de douceur sinon les fruits passent avec le temps.
Je ne suis rien moins qu'un homme vénal, tu sais. J'ai eu un coup de foudre pour toi dès notre première rencontre, l'autre jour, jour de pluie où la fraîcheur de tes habits a embelli les tons en grisaille.
Talon rouge que tu es, ton allure noble rehausse tes attraits. Tu es la femme de mes rêves exhaussés à plaisir comme un gratte-ciel qu'on élève aux nues.

Je t'embrasse fort ❤

Ton amant galant
Patrick"
- C'est une très jolie lettre d'amour, dit-elle.
- Oui, tout à fait, dit madame Leaderway. C'est une lettre d'amour écrite par Patrick Leaderway à Lisa Somahugs avant leur mariage.
- Ce qui m'attire le plus dans cette lettre, dit Sarah, c'est la phrase suivante :"Je suis une plante de serre, alors sois un ange de douceur sinon les fruits passent avec le temps". C'est très beau.
- Oui, tout à fait. Tu peux maintenant voir les photos numérotées 9, 10...jusqu'à 22. Ce sont des photos montrant la cérémonie du mariage de Lisa Somahugs avec Patrick Leaderway.
Sarah ramassa les photos. Elle les regarda désormais une par une en les passant à sa fille au fur et à mesure.
- Je ne sais pas pourquoi Lisa a opté pour ce genre de mariage, dit madame Leaderway. Peut-être voulait-elle un mariage hors du commun tant qu'elle était membre éminent de "The Daughters of Rebekah".
Sarah et Christine écarquillaient les yeux en regardant les photos.
Le jour du mariage, qui dans les premiers temps n'était jamais fixé sans qu'on eût pris les auspices, la mariée était revêtue d'une longue robe blanche bordée d'une frange de pourpre, ou ornée de rubans. Cette robe, qu'on appelait *tunica recta*, était retenue autour de la taille par une ceinture que l'époux devait délier le soir. Le voile nuptial, appelé *flammeum*, était d'une couleur jaune éclatante : la chaussure était de la même couleur. Les cheveux de l'épousée devaient être séparés avec la pointe d'une lance.
Vers le soir on conduisait la jeune épouse à la demeure du mari. Elle était arrachée, avec une violence feinte, des bras de sa mère ou de la personne qui représentait celle-ci. Dans ce trajet, elle était accompagnée par trois jeunes garçons *patrimi*et *matrimi*, c'est-à-dire dont les pères et mères vivaient encore. Tous trois étaient revêtus de la prétexte, et l'un d'eux portait devant la mariée une torche allumée, tandis que les deux autres marchaient à ses côtés en lui soutenant le bras. L'épouse elle-même portait un fuseau et une quenouille garnie de laine. Un autre jeune garçon, appelé *camillus*, portait dans un vase couvert les jouets d'enfant (*crepundia*) de la mariée. Le reste du cortège était formé par les

amis des deux familles. Lorsqu'on était arrivé à la maison de l'époux, dont la porte était ornée de guirlandes de feuillage et de fleurs, la mariée était enlevée par les *pronubi* pour franchir le seuil, de crainte qu'elle ne le heurtât du pied, ce qui aurait été un présage funeste. Ceux qui remplissaient la fonction de *pronubi* étaient des hommes qui ne s'étaient mariés qu'une fois et dont les femmes vivaient encore. Mais, avant d'entrer dans sa nouvelle demeure, la mariée entourait de laine les montants de la porte, et les oignait avec du saindoux ou avec de la graisse de loup. L'époux recevait sa femme en lui présentant le feu et l'eau, que celle-ci devait toucher. La mariée saluait son époux par ces mots consacrés : *Ubi tu Caïus, ego Caïa*; puis elle s'asseyait sur une peau de mouton, et recevait des mains du mari les clés de la maison. Un festin (*cœna nuptialis*), offert par le mari aux parents et aux amis qui avaient formé le cortège, terminait ordinairement la cérémonie.
- Il ne reste que deux photos, dit madame Leaderway.
Sarah prit la photo numéro 23.
- C'est qui ? demanda-t-elle en faisant voir la photo à sa mère.
- C'est Hans Christian Andersen, un merveilleux conteur danois, répondit madame Leaderway, né le 2 avril 1805 et mort le 4 août 1875. Il y a une écriture au verso de la photo. Tu peux la voir.
Sarah jeta un coup d'œil à l'envers de la photo où était écrit dans une belle écriture :
"« Comme il fait beau à la compagne ! C'est le plein été : le blé est d'un beau jaune d'or, l'avoine verte, le foin déjà en bottes dans les prés, et la cigogne aux longues pattes rouges se promène de ça, de là, en bavardant en égyptien... » Ainsi commence la belle histoire du Vilain Petit Canard. Sans doute, la connaissez-vous, amis lecteurs ? C'est un conte aussi magnifique que La Petite Fille aux allumettes, Les Habits Neufs de l'Empereur, La Petite Princesse endormie, Le Rossignol de l'Empereur, ou tant d'autres qui ont été écrits par l'incomparable Hans Christian Andersen."
- Mais je ne comprends pas ce qui est écrit, dit-elle.
- C'est le français, dit madame Leaderway. Lisa aimait raconter des contes de fées en français à ses deux enfants : Ashley et Gary. Elle voulait peut-être que ses deux enfants apprennent la langue française. Tu peux voir la photo numéro 24 qui montre Lisa, Patrick et leurs deux enfants.
Sarah prit la photo que Christine subtilisa aussitôt à sa main.
- Mémé ?
- Oui ?
- Quel âge avaient-ils ?
- Qui ?
- Ashley et Gary.
- Ashley avait à peine six ans. Gary huit ans.
- Puis-je savoir qui t'a donné la grande enveloppe ? demanda Sarah.

- Ma belle-sœur qui à son tour l'a reçue de la main de sa grand-tante, c'est-à-dire Ashley, la fille de Lisa Somahugs.
On entendit frapper à la porte.
- Bonjour !
C'était la kiné qui arriva bien juste.
Sarah se leva et se mit à ramasser les photos, la coupure de journal et le papier en les mettant sans soin dans la grande enveloppe.
- Tu as l'air fatiguée à force de parler, dit-elle en baisant sa mère sur la joue, la grande enveloppe à la main. Je te laisse maintenant. On te reverra samedi prochain, d'accord ? La kiné est là, elle va s'occuper de toi.
- D'accord, dit madame Leaderway.
Christine baisa à son tour sa grand-mère sur la joue en lui disant d'une voix presque feutrée:
- Au revoir mémé.
- Au revoir.
Sarah et Christine quittèrent la chambre.
George se leva en leur disant :
- On va partir maintenant ?
- Oui, répondit Sarah.
Tous trois marchaient dans un couloir étroit au milieu des personnes et des blouses blanches qui allaient et venaient.
Au bout de quelques minutes, les voilà dehors. La Fiat noire était là. Elle les attendait. Ils montèrent. Sarah prit la place avant, Christine la place arrière.
Tout le long du trajet, George ne parlait pas. Il était un peu timide. Pourtant, Sarah avait toujours envie de le pousser à parler d'une manière ou d'une autre. Des rayons du soleil doux passèrent par la vitre entrouverte, formant ainsi de petites raies sur le visage de George. Sarah le trouva plus beau ainsi et n'hésita point à le regarder sans réticence, tant elle prenait plaisir à cela. Christine semblait s'affaisser sur son siège. Peut-être était-elle si affamée qu'elle ne pouvait chantonner une chanson, faute d'énergie.
Au bout d'une bonne demi-heure, les voilà arrivés. Sarah était la première à descendre. Christine était toujours collée à son siège.
Voilà la mère lui tendre la main en lui disant : "Viens ma petite princesse dorée". Elle la prit dans ses bras et referma la portière.
Elle remercia George qui démarra vers sa maison d'à côté en brandissant une main à travers la vitre ouverte de sa voiture.

Sarah et Christine entrèrent dans la maison. Celle-ci ôta ses espadrilles, les remit en place et monta les marches de l'escalier vers la chambre; celle-là remit les clés de la maison en place, ôta à son tour ses espadrilles, les remit en place, ferma les rideaux, posa la grande enveloppe sur le canapé et se dirigea vers la salle de bains. Au bout de quelques bonnes minutes, Sarah sortit de la salle de bains, prit l'enveloppe et monta les marches de l'escalier vers la chambre de sa

mère dans laquelle elle remit l'enveloppe en place puis elle quitta la chambre en refermant la porte et descendit au salon où elle remit les clés de la chambre de sa mère en place, sous la moquette grise, juste au-dessous de la télé. Enfin, elle remonta les marches de l'escalier vers la cuisine de laquelle elle sortit après quelques minutes avec deux assiettes contenant chacune du pain recouvert du fromage et des tomates coupées en tranches très minces !
Elle entra dans la chambre. Christine était allongée sur son petit lit.
Sarah posa une assiette sur le petit lit de sa fille, près de ses pieds et alla s'asseoir sur son lit, les jambes croisées.
Christine se dresse sur son séant, prit l'assiette et alla rejoindre sa mère dans son lit.
Christine était désormais assise en face de sa mère, les jambes croisées. Puis, prenant une tranche de tomate :
- Maman ?
- Oui ?
- Je vois qu'on mange toujours les mêmes repas. Puis-je savoir pourquoi ?
La mère ne savait quoi répondre. Elle était toute décontenancée, mais elle devait quand même trouver une réponse.
- C'est ce que j'ai acheté en faisant mes courses, il y a plus d'un mois. Il y aura de variétés d'aliments en hiver, je te le promets !
- Ah ! d'accord.
Toutes deux mangeaient. Une fois le déjeuner pris, Sarah ramassa les deux assiettes et quitta la chambre pour les poser dans la cuisine.
Christine sortit de la chambre et descendit les marches de l'escalier vers le salon où elle alluma la télé et s'assit sur le canapé.
Voilà sa mère venir la rejoindre en prenant place à côté d'elle sur le canapé.
Toutes deux regardaient la télé jusqu'à ce que la nuit tombe. En atteignant la télé, elles montèrent les marches de l'escalier vers la chambre où Sarah aida sa fille à faire son devoir. Puis elle lui lut une page de "Rapunzel's revenge" avant de ôter leurs vêtements et mettre leur chemise de nuit pour dormir.

Chapitre 17

Plus d'une quinzaine de jours s'écoulèrent. Sarah, avec sa fille, avait rendu visite à sa mère ces deux derniers samedis. C'était le lundi. Il était sept heures et quart du matin quand Sarah s'éveilla en entendant la sonnerie de son téléphone portable. Une sonnerie douce et caressante. Elle sortit de son lit, s'étirant, bâillant. Elle alluma la lumière et alla se pencher vers sa fille en lui murmurant à l'oreille:

- Ma petite princesse dorée, réveille-toi ! C'est l'heure d'aller à l'école.

Christine ouvrit les yeux en s'étirant. Puis, faisant des grimaces en signe de mauvaise humeur:

- Mais maman, il est trop tôt pour me réveiller.

- Il est sept heures et un bon quart. Tu as l'école dans une heure, temps de te laver la figure et de te changer. Allez !

La mère la prit dans ses bras et sortit de la chambre. Puis, elle descendit les marches, la fille bâillant de sommeil. La mère entra dans la salle de bains. Puis, mettant la fille debout, elle entreprit de lui éclabousser le visage d'eau du lavabo, tout en lui inclinant la tête vers la cuvette. Au bout de quelques instants, la petite princesse dorée se sentait complètement éveillée. Elle sortit de la salle de bains, laissant sa mère dedans. Elle monta les marches de l'escalier vers la chambre où elle ôta sa chemise de nuit et mit un tee-shirt avec son jean. Puis, remettant ses affaires dans son cartable, elle sortit de la chambre. Elle redescendit au salon où elle mit ses espadrilles. Le cartable sur son dos, elle attendait la sortie de sa mère de la salle de bains. En effet, Sarah restait souvent dans le cabinet de toilette assez de minutes pour vider sa vessie, peut-être que cela indiquait qu'elle était atteinte du diabète ou bien qu'elle avait un problème au niveau de la vessie. Elle souffrait parfois d'un besoin d'aller à la selle, avec des douleurs accompagnant la diarrhée. S'agissait-il d'une de ces maladies inflammatoires du côlon ? Elle n'avait pas encore consulté un médecin.

Elle sortit de la salle de bains. Elle avait l'air un peu embarrassée ce matin. Sa fille, debout, voulait qu'on la peigne. La mère, un peigne à la main, se mit à peigner ses cheveux lisses.

- Maman ?

- Oui ?

- Tu as toujours l'air fatiguée, le visage pâle quand tu sors de la salle de bains.

- T'inquiète pas, c'est juste un léger malaise passager que je ressens parfois.

Christine fit un pas en avant en se dressant sur la pointe des pieds, la mère la peignant toujours.

- Regarde ! dit-elle en désignant du doigt son grand-père qui dormait.

- Ah ! ton grand-père qui ronfle ! dit Sarah.

Christine eut un sourire moqueur.

- Ma petite princesse dorée ?
- Oui ?
- La directrice d'école m'a convoquée.
- Pourquoi ?
- Je ne sais pas. Elle m'a téléphoné vendredi dernier. Elle m'a demandé de venir ce matin, voilà tout.
- Te voilà prête à partir, dit la mère. Je vais me changer. Un moment ! J'arrive.
La mère remit le peigne à sa place dans la salle de bains et monta les marches de l'escalier vers la chambre où elle ôta sa chemise de nuit et mit un tee-shirt avec son jean habituel. Puis elle descendit au salon où elle mit ses espadrilles et prit les clés de la maison.
- On y va ! fit-elle à sa fille.
Elles sortirent de la maison en refermant la porte derrière elles.
Sarah ouvrit l'antivol et le referma autour de la tige de selle. Puis elle aida sa fille à s'asseoir à la place arrière. Elles partirent en vélo.
À Sarah, le trajet était plaisant où se mêlaient le plaisir et le gain, qu'il soit sanitaire ou l'argent de poche. C'est peut-être même mieux qu'un véhicule automobile. Pour elle, rien de tel que le cyclisme pour mener une vie saine et économe. Ainsi, elle profitait de ce va-et-vient quotidien (excepté les jours fériés, les vacances de printemps et d'été) pour mêler le plaisant à l'utile. C'était également pour elle l'occasion de se délecter le long de l'itinéraire d'une miette des beautés de cette ville d'Ashland.
Sur le chemin, il y avait cette pente à descendre, là où l'excitation était sans borne. Christine criait, les mains en l'air. Sarah aussi. Et puis, c'était bon pour enlever un peu plus de brumes de sommeil par l'air frais et si fort qui frappait le visage.
Les voilà arrivées, en avance de quelques minutes. On voyait des élèves et des kindergarteners, chacun en compagnie de sa mère ou de son père.
La porte de l'école était ouverte. Elles entrèrent à l'école. Sarah laissa son vélo dans le parking réservé aux bicyclettes.
Après quelques pas, voilà l'administration. (Sarah avait baisé sa fille sur la joue; Christine avait fait de même et couru vers sa classe).
Sarah entra dans l'administration en frappant à la porte.
- Bonjour !
Une petite dame à lunettes semblait assise à son bureau. Les cheveux étaient emmêlés; le visage, dont le teint tirait sur le gris, était miné par le temps. Pour être toute petite, seule la tête apparaissait par-dessus le bureau.
C'était la directrice d'école depuis des décennies. C'était la même quand Sarah était élève.
La petite dame avait une mémoire d'éléphant. Elle vit Sarah, elle eut vite quitté sa place.
Sarah se pencha pour serrer sa petite main dans la sienne.
- Bonjour ! dit-elle avec un sourire.

- Madame Latena, directrice d'école. Assieds-toi.
Oh ! elle me tutoie. En règle générale, on tutoie de nos jours les personnes auxquelles on est uni par des liens étroits de patenté, d'amitié ou de camaraderie, ainsi que les enfants !
Sarah prit place sur une chaise touchant le bureau auquel vint s'asseoir la petite dame en grimpant, s'aidant des mains et des pieds.
- Tu es ancienne élève dans cette école, commença la directrice. Je me souviens bien de toi.
Ah oui !
- Tu étais espiègle. Tu t'amusais un peu beaucoup à me contrarier dans de petites choses. Tu venais juste près de la porte de mon bureau pour me regarder à la dérobée. Je faisais semblant de ne pas te voir. Tu m'emboîtais le pas dans la cour en faisant le clown, ce qui faisait rire les élèves.
La directrice frappa fort le bureau de sa petite main. Sarah en eut un sursaut.
- En tout cas, je pardonne tout à tout le monde. Je ne suis rien moins une rancunière.
C'est pour ça que vous m'avez convoquée ? Pour me dire ces quelques mots ?
- Tu es ici pour te parler d'une chose très importante. Tu n'as pas rempli la fiche de renseignements concernant le conseil d'école, n'est-ce pas ?
Sarah hocha la tête.
- D'accord. Je voudrais juste te rappeler que le conseil d'école est composé de la directrice d'école, c'est-à-dire moi, et de l'équipe enseignante et du conseiller municipal chargé des affaires scolaires, des représentants élus des parents d'élèves, d'un représentant du réseau d'aides spécialisées et d'un délégué de l'Éducation nationale. Il se réunit au moins une fois par trimestre et peut, selon l'ordre du jour, inviter d'autres représentants (médecins et infirmières scolaires, assistante sociale, enseignants chargés des langues vivantes...).
Le conseil d'école vote le règlement intérieur et adopte le projet d'école.
Ce dernier précise toutes les activités scolaires et périscolaires propres à l'école : organisation du soutien scolaire, classes de découvertes etc. Le conseil d'école...
Oh ! ça va !
C'est alors que la directrice d'école se lança dans un discours long, abondant, ennuyeux, et surtout interminable.

Chapitre 18

Presque trois jours, visiblement longs, s'écoulèrent. C'était le jeudi. George avait apporté à la maison où habitait Sarah les plats indispensables d'un repas traditionnel de Thanksgiving réussi :
La fameuse dinde qui était le plat traditionnel de Thanksgiving. Un incontournable qui s'imposait sur toutes les tables américaines. Traditionnellement farcie, cuite au four et servie assaisonnée de sauce aux cranberries ou de la sauce gravy. La dinde était l'emblème de Thanksgiving. Il était vraiment inconcevable de fêter Thanksgiving sans dinde.
Le cornbread ou pain de maïs américain faisait aussi partie du repas traditionnel et un incontournable de Thanksgiving.
Les épis de maïs grillés : un incontournable que l'on trouva aussi sur toutes les tables lors d'un repas traditionnel de Thanksgiving.
Pour finir le repas de Thanksgiving en beauté, la pumpkin pie ou tarte à la citrouille était le dessert indispensable typique des États-Unis ! Il y avait aussi d'autres plats.
Il était presque vingt heures et quart. Tout le monde était assis sur la moquette grise du salon, autour des plats. Sarah portait une robe courte, décolleté bateau pour cette fête de Thanksgiving. Mais la robe s'était déchirée aux hanches en s'asseyant, pour avoir celles-ci pleines !
C'était le moment de la prière. Tout le monde ferma les yeux, les jambes croisées. Sarah était assise à côté de sa fille. George en face d'elles. On faisait la prière tour à tour.
- Merci Père Céleste, commença George, pour la nourriture que nous mangeons chaque jour et pour ce Thanksgiving. Je suis reconnaissant pour la nourriture que vous donnez, et les bénédictions que vous donnez, la délicieuse dinde juteuse, cuite au four et servie assaisonnée de sauce aux cranberries ou de la sauce gravy, et tous les plats à part. Merci pour les épis de maïs grillés, la pumpkin pie, haricots verts et salades à gogo, pommes de terre, sauce, sauce aux canneberges. Vinaigrette, petits pains et ignames, tarte à la citrouille et aux pommes avec glace...Aide-nous à nous souvenir, Seigneur, que tout vienne de toi. Merci pour Thanksgiving et pour mes voisins, la famille et la nourriture. Amen.
Maintenant c'était le tour de Sarah.
- Cher Seigneur, je vous remercie pour les bénédictions dans ma vie. Je vous remercie pour ma famille, en particulier pour ma fille et ma mère.
Je te remercie pour cette maison, un toit chaud au-dessus de ma tête, et beaucoup de nourriture à manger. Je te remercie pour tout ce que tu me donnes. Merci pour mes bénédictions, mon Dieu. Amen.
Enfin le tour de Christine.

- Dieu, merci pour ce dîner, et notre famille et nos voisins si chers. Nous apprécions vraiment tout ce que vous faites pour nous pendant cette période de l'année. Merci pour la dinde, et la purée de pommes de terre aussi. Merci pour ta grâce...
À peine avait-elle fini la prière que George commença déjà à manger. Il mangeait goulûment, comme un ogre sous les yeux de Sarah et Christine, qui se contentèrent de le regarder manger, l'air étonné.
Au bout de quelques minutes, George s'écroula sur les plats. Sarah le secoua. Il était comme mort. *Oh ! non.*

Chapitre 19

Presque vingt deux jours s'écoulèrent. Sarah avait subtilisé des dizaines de dollars au portefeuille de son père pour faire ses courses dimanche dernier en achetant ce qui était nécessaire à la vie quotidienne (alimentation, des vêtements pour l'hiver, etc.). George les avait emmenées la veille, elle et sa fille, chez "Supercuts", un salon de coiffure, pour colorer les cheveux de Christine qui avait voulu avoir des cheveux roux comme l'actrice américaine Julianne Moore. Sarah, avec sa fille, avait rendu visite à sa mère ces quatre derniers samedis.

C'était le samedi. Sarah et Christine firent la grasse matinée. Vers onze heures, Sarah ouvrit les yeux sans le réveil du portable qu'elle n'avait pas réglé à l'heure ordinaire. Elle s'étira, bâilla et sortit de son lit. Elle alluma la lumière et alla se pencher vers sa fille en lui murmurant à l'oreille:

- Ma petite princesse dorée, réveille-toi ! Aujourd'hui, on va rendre visite à ta grand-mère.

Christine esquissa un sourire radieux, les yeux toujours fermés. Elle semblait être dans une bonne lune. Elle ouvrit à demi les yeux en souriant à sa mère qui lui fit un baiser tendre et qui quitta ensuite la chambre, la laissant sortir du sommeil peu à peu. Au bout de quelques minutes, la mère arriva avec un plateau "le porridge", le petit déjeuner complet par excellence. Une préparation à base de flocons d'avoine cuit dans le lait, à laquelle on pouvait ajouter vanille, cannelle, miel ou cacao. Elle posa le plateau sur le petit lit et y prit place.

- Allez ! dit-elle en tapotant les pieds de sa fille qui se dressa aussitôt sur son séant.

- Ma mémé sera ravie de voir mes cheveux roux, n'est-ce pas ?

- Oui, bien sûr, dit Sarah qui avait déjà la bouche pleine.

- C'est bon, dit Christine en dégustant une bouchée du porridge.

- Oui, c'est très bon.

Toutes deux mangeaient. Une fois le petit déjeuner pris, Sarah ramassa le plateau et sortit de la chambre pour poser le plateau dans la cuisine. Toutes deux étaient presque prêtes pour sortir, et elles n'avaient pas besoin de se changer car elles avaient dormi avec leurs vêtements chauds : un tricot et son jean.

Elles descendirent au salon où elles mirent leurs espadrilles.

La petite princesse se mettait debout, tout près de son grand-père qui dormait d'un sommeil se plomb. Sarah tira les rideaux. Au bout de quelques minutes, Jack ouvrit à demi les yeux en se défendant d'une main contre les rayons du soleil.

- Bonjour, pépé ! dit la petite-fille à la manière de l'hôtesse de l'air s'adressant à un passager.

Le grand-père ne répondit pas.

- Veux-tu nous emmener à l'hôpital ? demanda-t-elle.
Sans la regarder, Jack se dressa sur son séant et sortit du canapé en lui faisant signe que oui. Il sortit de la maison suivi par sa petite-fille qui lui emboîta le pas par amusement, sans qu'il s'en rendît compte, jusqu'à ce qu'il ouvre la portière par laquelle elle se glissa pour s'asseoir sur la place arrière. Sarah prit les clés de la maison et, par défaut de volonté, referma avec nonchalance la porte de la maison derrière elle puis, à pas teintés de frissonnement, elle alla s'asseoir sur la place avant, la place du mort. Si ! si ! La place du mort puisque son père se tenait debout sur son siège quand il conduisait en roulant à tombeau ouvert. Tout le monde prêt (Sarah veillant à ce que la ceinture de sécurité les maintienne attachées à leur siège, elle et sa fille), le Toyota Tundra démarra. Tout le long du trajet, Jack et Sarah gardèrent le silence, sauf Christine, qui chantonnait "Shoo Fly, Don't Bother Me" de Larry Groce.

Shoo fly, don't bother me,
Shoo fly, don't bother me,
Shoo fly, don't bother me,
For I belong to somebody !

I feel, I feel, I feel like a morning star
I feel, I feel, I feel like a morning star

C'était une chanson lourde de sous-entendus. Sarah en écoutait les paroles tout en regardant son père de temps à autre du coin de l'œil. Après presque moins de quinze minutes, les voilà arrivés là où se trouvait l'hôpital. La voiture se gara tout près de trois arbrisseaux qui se dressaient, à l'écart de quelques bosquets d'arbustes agrémentant les entours de l'endroit, comme trois petits soldats en uniforme dans une posture banale. Jack descendit de la voiture et sa petite-fille sauta en trombe vers la portière ouverte puis elle se dirigea tout courant vers l'entrée de l'hôpital.
Une fois dedans, elle se trouva au milieu d'une dizaine de personnes, certaines assises, d'autres allaient et venaient. C'était l'heure de pointe. Un air d'espièglerie innocente dans le regard, la petite princesse dorée se mit à osciller sur place à titre folâtre sous les yeux noirs de la grosse Blanche, chargée de réception, qui faisait semblant de lui être indifférente en s'occupant de quelque fiche, apportant une attention plus ou moins soutenue à tel ou tel individu.
Voilà entrer Sarah et son père Jack qui tapota la joue de sa petite-fille à qui Sarah donna la main en l'emportant comme une douce bourrasque. Tous trois s'engagèrent dans un si étroit couloir. La grosse Blanche s'était contentée de leur adresser un sourire après un "Bonjour" en les suivant des yeux jusqu'au moment où ils disparurent.
Après quelques minutes, Sarah et Christine s'arrêtèrent devant une porte ouverte. Elles entrèrent dans la chambre en frappant à la porte.

- Bonjour, mémé ! dit Christine en souriant.
Sa grand-mère, gisant sur le lit, tourna vite les yeux vers elle et, avec un sourire expressif, outré, soigné et surtout malmené par la maladie :
- Oh ! quelle surprise ! Approche-toi. Viens me donner un bisou.
Christine se dirigea doucement vers elle et lui baisa la joue.
- Regarde-toi ! Quels beaux cheveux ! Tu es devenue rousse. Ce que tu es ravissante !
Christine lui sourit, port sage.
Sarah laissa la porte entrouverte et alla baiser sa mère sur la joue.
- Bonjour ! Comment vas-tu ?
- Je tiens le coup !
Puis Sarah s'assit sur la chaise simple en métal, serrant sa fille dans ses bras.
- C'est George qui vous a emmenées jusqu'ici ? demanda madame Leaderway.
- Non, c'est mon père, répondit Sarah.
- Où est-il ?
- Il est là, à l'hôpital.
- Pourquoi ? demanda madame Leaderway.
- Je ne sais pas.
- Peu importe. Peux-tu remplir cette bouteille d'eau ? Elle est vide.
- D'accord, dit Sarah en se levant.
Puis elle sortit de la chambre, la bouteille à la main.
Elle s'engagea dans un couloir puis elle s'arrêta net car elle vit son père avec le docteur John. Elle remarqua qu'ils faisaient des gestes en se parlant, ou plutôt en se disputant. Dès qu'ils la virent, ils s'effacèrent en entrant dans une salle pour continuer la dispute. Sarah se demanda pourquoi ils se disputaient, mais enfin cela lui était bien égal. Elle se dirigea alors aux lieux d'aisance pour remplir la bouteille d'eau. Une fois la bouteille remplie d'eau, elle revint à la chambre où elle mit la bouteille près du lit de sa mère et reprit sa place, serrant sa fille dans les bras.
- J'ai vu mon père avec le docteur John en train de se disputer, dit-elle. Je ne sais pas pourquoi.
- Peut-être y a-t-il quelque chose entre Jack et le docteur John, dit madame Leaderway, quelque chose qu'on ignore.
- Oui, peut-être.
- Ma jambe droite est toujours paralysée. Je ne peux même pas la faire bouger.
- Alors les séances de kiné restent sans effet.
- Oui, c'est ça.
- Le docteur John m'a parlé de deux traitements possibles : la plasma... euh...la plasmaphérèse, mais j'ai oublié l'autre terme.
- C'est évident car tu oublies vite.
- Ah bon !
- La vie est belle, n'est-ce pas ?

- Oui, bien sûr.
- Mais le fait d'être malade m'a empêché de respirer la joie de vivre.
Sarah n'avait pour l'instant qu'à tenir la main de sa mère pour compatir à sa souffrance.
- Oui, vivre avec la maladie, c'est dur, dit Sarah qui tenait toujours la main de sa mère à pleine main.
- La vie, au lieu de nous apparaître comme un fardeau et comme une chaîne, doit être considérée comme une fonction essentielle de la même puissance qui possède la raison et la volonté, alors on pourra croire qu'il n'y a pas d'immortalité complète ni de rémunération accomplie du bien et du mal que nous avons faits sur cette terre, sans la reconstitution de notre machine corporelle avec les perfectionnements exigés par notre condition. Alors tu devrais jouir de la vie autant que tu peux avant de tomber malade, tu y es ?
Sarah hocha la tête.
Madame Leaderway se mit soudain à pleurer sur un ton pleurnichard.
- Je me sens très fatiguée et tellement rongée par la maladie que je crois qu'il n'y a plus d'espoir.
- Non, ne dis pas ça, dit Sarah, en pleurs.
Christine se contenta de regarder sa grand-mère, mais elle avait la larme facile.
- Je veux bien rester seule maintenant, dit madame Leaderway en baissant les yeux. Je ne veux plus vous infliger plus de mal que vous ne le méritez, toi et ta fille. Si j'ai besoin de l'eau, l'infirmière ira à mon secours, alors allez, toi et ta fille, je vous aime !
Sarah se leva et baisa sa mère sur le front, mais cette dernière leva brusquement les yeux vers sa fille. Des yeux étincelant d'amour.
- Donne-moi ta main, dit madame Leaderway.
Sarah tenait la main de sa mère à plaines mains, mais elle remarqua que sa mère avait une poignée de main pleine de force malgré sa faiblesse, comme si c'était leur dernière rencontre, qu'elles ne se reverraient plus jamais.
- Prenez soin de vous, toi et ta fille, dit madame Leaderway qui serra de plus belle une main de sa fille.
- D'accord, dit Sarah en se levant. Prends soin de toi.
Puis elle baisa sa mère au front. Christine baisa à son tour sa grand-mère, mais un baiser sur la joue.
- Au revoir mémé.
- Au revoir.
Sarah s'essuya ses larmes de la main qu'elle donna à sa fille en quittant la chambre.
Toutes deux marchaient dans un couloir étroit au milieu des personnes et quelques blouses qui allaient et venaient.
Au bout de quelques minutes, les voilà dehors.
Elles cherchèrent maintenant qui pourrait les ramener à la maison.

- Maman ?
- Oui ?
- Qui pourrait nous ramener à la maison ? demanda Christine, les yeux étincelant plus vivement sous les rayons du soleil doux et brillant.
- T'inquiète pas. On va sûrement le trouver, dit Sarah en caressant la joue de sa fille, le sourire aux lèvres.
Alors qu'elles attendaient, debout, voilà passer juste devant elles la Mercedes grise qui s'arrêta net.
C'était lui, le Blanc au visage adipeux.
La vitre s'ouvrit. Il leur fit signe de monter en brandissant la main. Elles montèrent. Sarah prit la place avant; Christine la place arrière.
À sa grande surprise, Sarah remarqua que l'homme ne parlait pas tout le long du trajet.
Après presque une demi-heure, la voiture les déposa près de la maison.
Elles remercièrent l'homme qui démarra vite.

Sarah et Christine entrèrent dans la maison en refermant la porte. Celle-ci ôta ses espadrilles, les remit en place et monta les marches de l'escalier vers la chambre; celle-là remit les clés de la maison en place, ôta à son tour ses espadrilles, les remit en place, ferma les rideaux et se dirigea vers la salle de bains.
Au bout de quelques bonnes minutes, Sarah sortit de la salle de bains et monta les marches de l'escalier vers la cuisine de laquelle elle sortit après quelques instants avec un plat "la tartiflette", une recette de cuisine, à base de gratin de pommes de terre, oignons, lardons, le tout gratiné au reblochon. Elle l'avait préparée la veille.
Elle entra dans la chambre. Christine était allongée sur son petit lit.
Sarah posa le plat sur son lit et y prit place, les jambes croisées.
Christine sortit de son petit lit et alla rejoindre sa mère dans son lit.
Christine était désormais assise en face de sa mère, les jambes croisées. Puis, prenant un petit morceau de lardon :
- Maman ?
- Oui ?
- Je me demande un peu pourquoi tu n'as pas dit : "On te reverra samedi prochain" à ma mémé.
Sarah cessa de mâcher. Oui, elle avait peut-être oublié de dire ces mots à sa mère. Ces mots qu'elle avait l'habitude de dire chaque samedi quand elle rendait visite à sa mère avant de la laisser seule sur son lit, à l'hôpital.
Sarah se souvenait très bien de ce jour où elle s'était éveillée en sursaut après s'être assoupie. Ce jour où elle avait vu sa mère en rêve, ou plutôt la mort de celle-ci.
Sarah sortit aussitôt de son lit.
- Où vas-tu ? On n'a pas encore fini le déjeuner.
Mais Sarah quitta déjà la chambre.

Elle descendit au salon où elle s'assit sur le canapé. Puis elle se recroquevilla sur elle-même.
Au bout de quelques bonnes minutes, voilà Christine vint la rejoindre, le plat à la main.
- Maman ?
La mère ne répondit pas.
- Je t'ai laissé un peu dans le plat. Tiens !
Sarah avait perdu l'appétit. Elle craignait que le mauvais rêve qu'elle avait vu ne soit vrai.
- Maman ? Qu'as-tu ?
Christine posa le plat sur la moquette grise, près du canapé. Puis elle alluma la télé et prit place sur le canapé à côté de sa mère, recroquevillée sur elle-même.
Christine regardait la télé jusqu'à ce que la nuit tomba. Puis en atteignant la télé elle monta les marches de l'escalier vers la chambre, laissant sa mère seule sur le canapé.

Sarah ouvrit les yeux dans le noir. *Quelle heure est-il maintenant ?* Elle s'étira puis elle sortit du canapé et avança à pas de loup vers le mur pour chercher l'interrupteur à tâtons. Une fois ce dernier trouvé, elle alluma la lumière qu'elle éteignit aussitôt puisqu'elle sut maintenant son chemin. Elle monta les marches de l'escalier vers la chambre où elle découvrit que la lumière était éteinte.
Elle entra dans la chambre sans allumer la lumière. Elle alla vers son lit sur lequel elle prit son téléphone portable qu'elle alluma pour consulter l'heure. *Oh ! j'ai bien dormi. Il est 23h06*. Par l'éclat de l'écran du portable qu'elle dirigea vers le petit lit de sa fille, elle découvrit que celle-ci dormait déjà. Sarah ne voulait pas que le plat reste dans le salon. Pour cela elle sortit de la chambre et descendit au salon où elle chercha l'interrupteur à tâtons. Une fois ce dernier trouvé, elle alluma la lumière, alla ramasser le plat, éteignit la lumière et remonta les marches de l'escalier vers la chambre où elle s'assit sur son lit pour manger dans le noir avant de finalement pouvoir se coucher.

Chapitre 20

Presque six jours s'écoulèrent. Sarah avait subtilisé des dizaines de dollars au portefeuille de son père pour faire ses courses en achetant ce qui était nécessaire pour la Noël et le réveillon de Noël. C'était le vendredi. Vers vingt deux heures, Sarah monta les marches de l'escalier vers la chambre où elle s'habilla en père Noël et sortit de la chambre. Sa fille l'attendait déjà dans le salon.
- Me voilà ! dit Sarah depuis le palier.
Christine se mit à rire.
Sarah se mit à descendre les marches de l'escalier en faisant en sorte que les jambes soient écartées, ce qui faisait rire Christine de plus belle.
- Oh ! oh ! une jolie rousse est là, dit Sarah une fois dans le salon, changeant le timbre de la voix pour imiter celle du père Noël.
Christine se mit à lui caresser la barbe blanche.
- Jolie barbe, dit-elle, toujours rieuse.
- Ouiiiii, bien sûûûûr, dit Sarah en caressant les cheveux roux de sa fille.
Enfin Sarah alla prendre un objet mis dans un papier d'emballage rouge et blanc, mis sur la table ronde du salon.
- Tiens ! Ouvre-la, dit-elle en tendant la petite boîte cylindrique à sa fille.
Christine se mit à déchirer le papier.
- Oh ! c'est une montre, dit-elle. C'est un joli cadeau. Merci, maman.
La mère lui donna un baiser tendre.
- Joyeuse Noël, dit-elle. Tu peux la porter.
La mère prit la montre à la main de sa fille et la lui mit au poignet.
- Elle te va à ravir, dit-elle.
Christine sourit, très heureuse.
Le réveillon de Noël les attendait sur la table ronde. Pour l'entrée, saumon, foie gras cru, huîtres ou Saint-Jacques. Sarah n'avait pas fait pas l'impasse sur l'indispensable plateau de fromages qui fait toujours sont petit effet sur une table de fête. Pour clôturer le repas en beauté, il y avait cette traditionnelle bûche de Noël chocolat-marron ou encore au café, à décliner en version glacée pour une note de légèreté.
Après le repas, Sarah et Christine montèrent les marches de l'escalier vers la chambre où Sarah ôta les vêtements du père Noël et mit un tricot avec son jean. Christine, elle, n'avait pas besoin de ôter ses vêtements car elle portait déjà un tricot avec son jean. En atteignant la lumière elles dormaient.

Sarah et Christine firent la grasse matinée. Vers onze heures, Sarah ouvrit les yeux sans le réveil du portable qu'elle n'avait pas réglé à l'heure ordinaire. Elle s'étira, bâilla et sortit de son lit. Elle alluma la lumière et alla se pencher vers sa fille en lui murmurant à l'oreille:
- Ma petite princesse dorée, réveille-toi ! Aujourd'hui, on va rendre visite à ta grand-mère.

Christine esquissa un sourire radieux, les yeux toujours fermés. Elle semblait être dans une bonne lune. Elle ouvrit à demi les yeux en souriant à sa mère qui lui fit un baiser tendre et qui quitta ensuite la chambre, la laissant sortir du sommeil peu à peu. Au bout de quelques minutes, la mère arriva avec le plateau "le porridge", le petit déjeuner complet par excellence. Elle posa le plateau sur le petit lit et y prit place. Christine se dressa aussitôt sur son séant sans que sa mère lui tapote les pieds.
- C'est la Noël, tu sais. La fête attendue.
- Oui, tout à fait, dit Sarah.
Toutes deux mangeaient. Une fois le petit déjeuner pris, Sarah ramassa le plateau et sortit de la chambre pour poser le plateau dans la cuisine. Toutes deux étaient presque prêtes pour sortir, et elles n'avaient qu'à mettre leur pull col roulé avec son jean car elles avaient dormi avec leurs vêtements chauds : un tricot et son jean. En s'habillant, elles sortirent de la chambre.
À sa grande surprise, Sarah vit depuis le palier son père debout dans la pénombre du salon. Il les attendait déjà. Sarah et sa fille descendirent lentement les marches de l'escalier tout en jetant des regards inquiets à ce père et grand-père qui les surprit de cette posture inhabituelle.
Une fois au salon, Sarah et Christine mirent leurs bottes fourrées. Celle-ci sortit de la maison avec son grand-père, celle-là prit les clés de la maison et sortit en refermant la porte derrière elle.
Tous trois montèrent dans le Toyota Tundra qui démarra. Tout le long du trajet, Christine ne chantonnait pas sa chanson, ce qui inquiétait Sarah de plus belle, comme si quelque chose clochait.
Après moins de quinze minutes, les voilà arrivés. Tous trois descendirent du véhicule. Sarah s'aperçut que le docteur John était debout à l'entrée de l'hôpital. Là encore elle commença à avoir des inquiétudes au sujet de la santé de sa mère. Les jambes frissonnant de peur, elle s'approcha lentement de l'entrée de l'hôpital en tenant la main de sa fille. À peine avaient-elles arrivées que le docteur John baissa déjà la tête.
- Docteur ? Que s'est-il passé ? demanda Sarah une fois devant lui.
Il leva la tête et lui dit :
- Elle a vécu.
- Non ! cria Sarah qui se mit à pleurer.
Le docteur John essaya de la calmer.
Christine, elle, versait des flots de larmes.
Sarah pleurait très fort avant de finalement s'évanouir.

Chapitre 21

Dans une salle contiguë aux lieux d'aisance,
Peu à peu Sarah, à plat, reprit connaissance.
Sans chercher à employer un langage choisi,
La pièce sentait le renfermé, le moisi.
Clignant les yeux, Sarah regarda deux figures,
Dont elle distingua les fausses chevelures.
C'étaient deux infirmières, souriantes, debout,
Qui déjà attendaient là, la patience à bout.
Toutes deux portaient un badge et la blouse blanche;
Des bracelets flattaient les parties de la manche.
Sarah se dressa avec peine sur son séant.
"Que Dieu ne réduise point mon espoir à néant !"
Se dit-elle en espérant bien briser ses chaînes,
Sachant qu'elle n'était pas au bout de ses peines.
Une pelisse noire traînait sur le lit;
C'était un manteau dont on avait fait le pli.
Les deux infirmières attendaient qu'elle mette
Plus rapidement la pelisse si molette.
Sarah sortit du lit dur comme du béton,
En ayant mal au dos, l'air maussade et mécontent.
Elle ressentit une douleur dans le ventre;
Une douleur dont elle ignorait bien le centre.
Elle enfila difficilement le manteau.
"Adieu robe courte, décolleté bateau"
Se dit-elle en sortant aussitôt de la salle,
Accompagnée des deux infirmières, l'air pâle.
Toutes trois s'engagèrent dans un si étroit
Couloir; là où Sarah était non sans émoi,
Car elle voyait que ce passage était bien vide.
Elle était donc à la fois anxieuse et avide
De savoir où était ce tumulte habituel.
"Il paraît clair que le chagrin n'est pas mutuel".
"Où sont-ils ?" se demanda-t-elle, curieuse.
"Peu m'importe" se dit-elle, enfin insoucieuse !
Un certain air de malice dans le regard,
Comme si on cherchait à la mettre au placard;
Il s'agissait des deux infirmières, silencieuses,
Qui donnaient l'impression d'être malicieuses.
Sarah n'avait qu'à les regarder tour à tour;
Elle était loin de faire patte de velours.
Après quelques minutes, elles s'arrêtèrent

Devant une salle où une caisse par terre
Poussa Sarah à pleurer tout en sanglotant.
Elle entra dans la salle sombre en haletant.
"Adieu, ma mère !" s'écria-t-elle, agenouillée
Devant le cercueil en sapin, la voix mouillée.
Sarah était en larmes devant le cercueil.
Dire qu'elle était toute plongée dans le deuil !
Madame Leaderway, inerte dans la bière,
Attendait qu'on la porte vers le cimetière.
Ô sinistrose, ô amertume, ô triste sort !
C'était le dernier sommeil, c'était bien la mort.
La morte était d'une pâleur cadavérique.
Engourdie, elle fit un sourire angélique.
Des ridules au coin des yeux et sur le front
S'étaient éclipsées; c'était un aspect courant.
Sarah caressa la joue de sa mère. "Chouette !"
Dit-elle, émue. Elle était toute stupéfaite
De l'éclat du visage, tel l'astre du jour.
Certes, Dieu donnait d'abord des signes d'amour.
Sarah, qui s'était bien évanouie de tristesse,
Imaginait sa maman en robe d'hôtesse
élégante. On dirait une robe à paniers
Embellissant la défunte avec des souliers
À talons hauts, d'un vernis dont les brillances
Faisaient allusion à ces jours où les jouissances
Familiales nous poussent à rire aux éclats,
Étant donné ce qu'on présente sur les plats.
Sarah versait des larmes sur sa chère mère.
Sa main tenait la sienne. Elle lui était chère.
Alors qu'elle tenait sa main à pleine main,
Le célébrant arriva, la Bible à la main.
À bout de souffle, il s'assit pour reprendre haleine.
Ainsi, par terre, la foi était bien sereine.
Retroussant ses manches, se mettant au travail,
Il feuilleta la bible, les yeux pleins d'orgueil.
Puis, fermant ceux-ci, les jambes déjà croisées,
Il essaya de rassembler ses idées dosées.
Une fois prêt, il se mit à parler tout bas
En rouvrant les yeux, se foutant d'eux, de là-bas.
Près de Sarah, les yeux tournés vers la défunte,
La main sur la Bible, il se mit à prier la Sainte
Vierge d'intercéder pour eux tous en ce jour
Triste où la défunte était au ciel sans retour.

Il priait pour elle en dodelinant de la tête,
Comme on fait au bébé dans sa bercelonnette.
Ainsi il s'était vu embraser de ferveur
Avec laquelle il servait Dieu de tout son cœur.
Voilà Jack Leaderway qui arriva bien juste,
Avec sa taille de nain, l'air d'un homme fruste.
Jack était venu vite en se précipitant
Vers l'entrée de l'hôpital tout en haletant,
Accompagné du maître de cérémonie.
Le célébrant, dont la tâche semblait finie,
Se leva, salua tout le monde en s'inclinant,
Y compris la défunte qui semblait canon.
Puis il sortit de la salle comme une trombe;
Eux que voilà, tout silencieux comme une tombe.
Il s'agissait de Jack et sa fille Sarah
Qui souhaitait bien qu'il la serre dans ses bras.
L'attitude de Jack mit sa fille en défiance;
Tous deux se regardèrent en chiens de faïence.
Ils se firent face, silencieux, sans parler.
La présence de son père la fit râler.
Le maître de cérémonie, ayant l'air d'un foudre
De guerre frais, n'avait pas inventé la poudre.
Il se contenta de s'asseoir auprès de Sarah,
Sous le regard de Jack Leaderway, l'homme ingrat.
Sarah était désormais assise, esquintée.
À vrai dire, elle était bien loin d'être effrontée;
Le maître de cérémonie la caressa
De la main puis, sans réticence, il la poussa
Du coude pour l'avertir de l'étape à suivre.
Sarah, les paupières mi-closes comme ivre,
Se mit à détacher faiblement le ruban
Qui retenait ses cheveux ayant l'air tout flambant.
Ensuite, elle mit cette bande sur le buste
De sa mère qui dormait du sommeil du juste
Et pourtant éternel. Dieu ait son âme ! Ô ciel !
Sarah avait un amour non superficiel
Pour sa mère qui laissait bel et bien un reste.
Le maître de cérémonie, d'un simple geste
Du bras, fit signe à trois hommes, l'air d'un robot,
D'entrer là de manière à en finir bientôt.
Les trois hommes étaient plus grands et plus robustes
Que Jack, le nain, qui avait les cheveux hirsutes.
On les reconnut à l'abord par leurs habits

Et leurs lunettes noires; c'étaient les brebis
De Dieu; ils étaient tous des vrais chrétiens fidèles;
Ils étaient bien dociles sans être rebelles
Aux ordres; c'étaient bel et bien des croque-morts;
Ceux qui se chargeaient aussi du transport des morts.
Ils avaient un rôle important dans les obsèques.
Sous leur mine calme, on dirait des âmes héroïques.
Christine n'était plus dans cet hôpital,
Tant ce lieu bien funèbre lui faisait du mal.
Sarah baisa la main de sa défunte mère
Tout en pleurant et dit tout bas :"Adieu, ma mère !"
Enfin les croque-morts fermèrent le cercueil
Sous les yeux de Sarah en vêtements de deuil.
Puis tous trois portaient la bière sur leurs épaules
En portemanteau, les mèches étant bien folles,
S'agitant sous l'effet d'un simple mouvement
De la tête qu'on fit bouger légèrement.
Ils quittèrent tout doucement la salle sombre.
Derrière eux, eux autres les suivaient comme une ombre,
Y compris le docteur John en nœud papillon noir,
Qui avait l'air triste, autant qu'on puisse savoir.
Les blouses blanches que voilà, baissant la tête
En signe de deuil pour la morte à cette fête
De Noël, où Christine avait déjà eu son Noël
La veille, offert par sa mère, la nuit de Noël;
Oui, la Noël est une fête où règne la joie;
Une fête où l'on épanche vraiment sa joie.
La mère s'était déguisée en père Noël,
Faisant un cadeau puis le réveillon de Noël.
Pourtant, pour Sarah, cette joie avait fait place
À la tristesse qui troublait Sarah de face.
Les voilà dehors, deux voitures attendaient;
Celle de Jack et le corbillard à bouder.
Le docteur John s'arrêta, debout, à l'entrée
De l'hôpital, la mine triste et éplorée.
Il était en train de regarder le cercueil
Que portaient les croque-morts en ce jour de deuil.
Se pliant aux exigences de sa carrière,
Il ne pouvait les escorter au cimetière.
Christine, déjà dans le Toyota Tundra,
Attendait, impatiente, sa mère Sarah
Ainsi que son grand-père Jack, l'homme hypocrite,
Qui faisait preuve d'hypocrisie insolite.

Une fois le cercueil mis dans le corbillard,
Ce dernier partit, suivi par Jack, mis à part,
Se faisant ainsi un vrai cortège funèbre
Vers le cimetière d'Ashland le plus célèbre.
En chemin, on rencontra des gens çà et là,
Ainsi que certains de bonne humeur. Les voilà !
Vu l'état du ciel, le temps était à la neige.
Dieu tout-puissant décèlerait quelque manège.
Les gens, qu'on rencontra, semblaient vraiment heureux,
Oubliant le cortège funèbre et malheureux.
On les voyait en train de traverser la rue;
Et sans chercher à faire une description crue,
Ils portaient des habits exprimant la gaieté;
Des habits aux couleurs prouvant l'hilarité.
Les voilà à Lithia Way qui grouillait de monde,
Avec ses restaurants où allait une bande
De jeunes hommes avec des adolescents
portant avec eux des objets divertissants.
Il y avait des hommes, leurs enfants et leurs femmes;
Dans cette ville de presque vingt-deux mille âmes.
Les voilà enfin ! Au Siskiyou boulevard;
Le Toyota Tundra suivant le corbillard.
Empruntant la rue Morton dont l'âme était fière,
On se rapprocha peu à peu du cimetière.
Une fois arrivés, on vit un panonceau
En forme d'arc ferré. On dirait un berceau
Renversé, où était écrit en caractères
Visibles : ASHLAND CEMETERY. Ô galères !
Tous descendirent des véhicules garés,
près d'un certain nombre de végétaux serrés.
C'était de l'herbe ou des plantes herbacées
Qui charmèrent tout un chacun, les mains glacées.
On entra dans le cimetière en prononçant
Tout bas quelques mots d'un ton plutôt frémissant.
Dire que ce n'était autre qu'une pratique
Digne d'une religion dite "catholique" !
Portant le cercueil, on marchait à pas feutrés
En signe de respect pour les morts enterrés
Dans ce lieu béni et célèbre. Quelles tombes !
À part le froid, cela coupa à tous les jambes.
Les voilà debout à Ashland Cemetery,
Le visage fané, blafard, pâle et flétri.
À cette tragédie, Christine resta muette;

De maigres larmes séchaient dans ses yeux noisette.
Elle était à côté de sa mère Sarah
Qui la serra chèrement contre elle d'un bras.
Jack, tout près de leur maître de cérémonie,
Les regarda bien en face avec ironie.
C'était Jack, lui seul, qui avait tout pris en charge;
Il y avait de vagues soupçons mettant en rage :
On avait tôt procédé à l'enterrement !
Un trou creusé en terre prématurément !
Hélas ! les voilà ! Debout autour de la fosse.
Voilà Christine, la rousse ! Oh ! quelle gosse !
Qui avaient creusé la fosse ? Les fossoyeurs !
Leurs regards donnaient l'impression d'être charmeurs
De serpent. Rien d'étonnant à ce que l'avare
De Jack les aime au plus haut point. Il était rare
Qu'il cherche tel ou tel type qu'il n'aimait pas.
Et ce, quand il s'agissait surtout du trépas !
Hélas ! on descendit le cercueil dans la tombe !
Dire qu'on faisait cela par-dessous la jambe !
Le maître de cérémonie prêta sa voix
En lisant un texte offert par Jack, le sournois.
Bien qu'à plat, Sarah n'en était pas moins sensible
Aux obsèques dont la suite était bien pénible.
"Sois forte ! d'ailleurs, tu ne seras pas de trop"
Se dit Sarah, à plat, bien qu'elle ait le cœur gros.
C'était l'adieu froissé de sa défunte mère;
Elle la laissait, rongée d'amertume amère.
La morte regretta d'avoir marié ce Jack
Qui, au fond, voulait ardemment vider son sac.
Il en usait avec elle avec insolence.
Dire qu'elle avait beaucoup souffert en silence !
Certes, elle l'avait longuement toléré
Avant de finir par couver Guillain-Barré
Et se faire ensuite hospitalisée d'urgence
À l'hôpital où le docteur John de confiance
S'était occupé d'elle, chose à applaudir,
Avant qu'elle n'ait rendu le dernier soupir.
Dire que la maladie était bien mortelle !
Maudit soit Guillain-Barré ! Syndrome rebelle !
Pour Sarah, Guillain-Barré était ennemi;
Il avait tué sa mère; il n'était pas ami.
Quel ensevelissement ! Quelle mise en terre !
Ainsi, Sarah et Christine eurent à se taire.

"C'est du beau travail !" se dit Sarah en jetant
Le regard sur cette tombe, le cœur battant.
En voilà la dalle de pierre funéraire
À double pente, une stèle au fond ordinaire,
Surmontée, en dessus, d'une modeste croix
Qui témoignait d'une vraie profession de foi !
Oh ! il neigeait maintenant. Quelle coïncidence !
Pour la défunte, c'était bien un jour de chance.
Dire que la neige tombait à gros flocons !
La neige qu'attendaient également des cons !
Apparemment, Dieu voulait bien parer la tombe
En signe de pureté comme une colombe.
La défunte avait tout enduré en ayant foi
En Dieu qui nous pardonne tout; Il veut qu'on soit
Dans le royaume des cieux parmi les fidèles;
On n'a qu'à se repentir sans être rebelles
À ce que veut Dieu qui est miséricordieux;
Dieu n'aime pas les arrogants, les orgueilleux.
De son vivant, la défunte était toute bonne
Et trop modeste; ce qui la rendait mignonne.
Certes, en couvant la maladie, Dieu l'aimait.
Satisfaite soit la défunte qu'on aimait !
Ainsi la tombe se fit vite recouverte
D'une couche de neige blanche et bien inerte.
On le croirait une rémission des péchés,
Comme des draps blancs, bien propres et point tachés.
Voilà la neige ! oh ! quelle neige ! neige fraîche !
Ô clémence, ô miséricorde, ô neige fraîche !
C'est dans ce lieu béni qu'on avait inhumé
Le premier pionnier d'Ashland, Helman, l'être aimé.
Il était l'honneur même de ce cimetière;
Lisa Somahugs n'avait qu'à en être fière,
Ainsi que tous les autres, les morts enterrés
Dans ce cimetière où ils étaient honorés.
Une fois la prière des cérémonies faite,
Le maître de cérémonie, baissant la tête,
Toujours tout près de Jack Leaderway, l'homme ingrat,
Regardant bien en face sa fille Sarah,
Dirigea l'assistance vers la sépulture,
Procédant pour ainsi dire à une clôture
Des funérailles auxquelles l'on avait tôt
Procédé, mais Dieu décèlerait tout bientôt.
Le cœur déchiré, voilà Sarah et Christine

En train de jeter un peu de terre bien fine
Sur la sépulture, ainsi que Jack Leaderway
Qui dit tout bas : "Adieu, madame Leaderway !".

Chapitre 22

La vie simple et normale, que menaient Sarah et sa fille, fut troublée par un coup de tonnerre : la mort de madame Leaderway. *La mort obsède par son caractère d'épouvante, d'effroi, tout un chacun. Elle dévore le quotidien de ceux qui se laissent hanter par son image monstrueuse. Elle a installé dans nos visions ses yeux d'ogresse, et ses bras monstrueux nous enserrent, ses mains fébriles nous cherchent, à l'affût de tel ou tel individu dont l'heure a sonné.*

C'était le lendemain de Noël. Sarah s'était éveillée vers neuf heures du matin, les yeux gonflés par les larmes. Elle avait pris le petit déjeuner en mangeant peu et sans appétit. Christine dormait encore.

Sarah était maintenant assise sur son lit. Elle pensait à sa mère morte à la suite de Guillain-Barré. Maudit soit Guillain-Barré ! Syndrome rebelle !

Au bout de quelques minutes, Sarah sortit avec peine du lit et quitta la chambre. Elle descendit les marches de l'escalier en s'aidant d'une main. Sous la moquette grise du salon, juste au-dessous de la télé, elle prit les clés de la chambre de sa mère et monta les marches de l'escalier en s'aidant d'une main. Elle ouvrit la chambre de sa mère et alluma la lumière. Il y avait le lit à baldaquin, le lit conjugal. D'un tiroir de l'armoire, elle sortit des vêtements appartenant à sa mère. Elle se mit à flairer les tissus en pleurant à fendre l'âme.

Au bout de quelques bonnes minutes, elle sortit de la chambre en jetant un coup d'œil sur celle-ci avant de refermer la porte, toujours en pleurs.

Elle ne voulait plus redescendre au salon pour remettre les clés en place tant elle était paresseuse pour le faire.

Elle entra dans sa chambre où elle découvrit que sa fille s'était déjà éveillée, assise sur son petit lit.

Sarah lui donna un baiser tendre et sortit de la chambre qu'elle regagna après quelques instants, apportant "le porridge".

Elle posa le plat sur le petit lit de sa fille, sous les yeux de celle-ci, et alla s'asseoir sur son lit.

Sarah pensait désormais à sa mère quand son téléphone portable sonna au bout de quelques minutes.

Elle décrocha le combiné.

- Allô ?

- Sarah Leaderway ? demanda une voix d'homme, vaguement familière.

- Je suis le docteur John. Je suis désolé de vous déranger à cette heure, mais je dois vous parler. C'est très important...

Le docteur John commença à lui parler assez de minutes avant d'évoquer son père Jack. Peut-être le fait de perdre sa femme avait-il causé à Jack une si profonde tristesse qu'il lui était impossible d'en être affligé au point de quitter la maison la veille. Sarah s'en doutait. Quelques motifs que Jack ait de fuir (malgré la haine que sa fille avait pour lui), il n'avait pas raison de laisser sa fille seule avec sa petite-fille Christine de dix ans pour qui Sarah avait tant

d'affection. *Ma fille, c'est tout ce que j'ai de plus précieux au monde*, se répétait-elle avec véhémence au fur et à mesure que cela lui tenait à cœur.
Voilà sa fille venir la rejoindre sur son lit. Prenant place à côté de sa mère, celle-ci, de son bras libre, la serra passionnément contre elle en lui donnant un baiser tendre et chaleureux. Or, Christine se recroquevilla sur elle-même et Sarah eut donc à allonger sa jambe. Celle-ci était au téléphone, celle-là avait les yeux grand ouverts, fixés sur un objet quelconque, ou plutôt sur tel ou tel tissu de l'amas de vêtements jetés çà et là. La tête toujours sur la cuisse, la fille prononçait tout bas des mots qu'on avait du mal à comprendre. Dire qu'elle se parlait à elle-même dans le propos de tromper le temps ! Elle semblait par ailleurs insouciante de la conversation téléphonique. Au moment que cette dernière finit, la mère eut un long et profond soupir comme jetée dans l'embarras à en couper le souffle. Puis, esquissant un sourire plus forcé que naturel, elle se mit à caresser les cheveux roux et lisses de sa fille avec une douceur infuse, voire inhérente à toute femme de cœur. Au bout de quelques instants, les paroles de la rousse, apparemment incompréhensibles à tout un chacun, avaient déjà cessé. Caressant toujours ses cheveux, Sarah était sur le point de lui dire quelque chose, mais en jetant un coup d'œil sur son petit visage, elle s'aperçut que ce dernier avait les yeux fermés. Sa petite princesse dorée s'endormait, tant mieux ! Peut-être la veille était-elle si longue et épuisante que Christine avait encore besoin de quelques heures supplémentaires.
Sarah écarta doucement sa jambe tout en tenant la tête de sa tête qu'elle posa avec douceur sur le lit. Puis elle sortit de ce dernier et enfila son pull à col roulé, un jean et la pelisse noire jetée sur l'amas de vêtements. Elle portait déjà un tricot et un jean avec lesquels elle avait dormi la nuit !
Elle sortit de la chambre, le bonnet de laine tricotée à la main, et descendit au salon où elle mit ses bottes ferrées, prit les clés de la maison et sortit en refermant la porte derrière elle.

Chapitre 23

Il fait froid, se dit-elle en mettant le bonnet de laine tricotée. En franchissant le seuil, elle avança d'un pas, et son pied s'abîma dans une couche de neige épaisse de quelques centimètres. Les couches de neige devenaient de plus en plus épaisses à mesure qu'elle marchait. Elle s'efforçait tant bien que mal de marcher, les mains dans les poches. Le docteur John, qu'elle avait eu au téléphone, lui avait dit des mots pour participer encore à sa douleur, ressentir tout ce qui la touchait, autrement dit il lui avait donné des marques par des paroles, des témoignages de sympathie à l'occasion du décès de madame Leaderway, mais enfin il lui avait parlé du lieu où elle devait les rencontrer, lui et Jack Leaderway, à quelques mètres de là.
Au bout de quatre et quelques minutes, Sarah s'arrêta net. Elle regardait autour d'elle. Il n'y avait personne. Soudain une main se montra derrière un tronc d'arbre géant. Une main qui brandissait. Puis un homme emmitouflé apparut. C'était lui, le docteur John qui venait de brandir la main.
- Bonjour, Sarah ! Comment allez-vous ?
Sarah ne répondit pas.
- Je vous ai eu au téléphone. Merci d'avoir pris la peine de venir jusqu'ici.
- Sarah ! cria une voix d'homme.
Sarah ne savait pas d'où venait la voix. Encore une fois voilà une petite main qui brandissait derrière le même tronc d'arbre géant. On joue à cache-cache ou quoi ? Sarah savait très bien qu'il s'agissait de son père car la main brandissait à une hauteur de presque deux coudées. Oui, c'était lui. Le voilà apparaître.
- Sarah ? Je n'ose dire "ma fille"...
Ah bon !
- Tu es encore en deuil ? C'est moi qui t'ai procuré cette pelisse noire que tu portes. Un manteau dont on a fait le pli.
Quelle générosité !
- Vous savez pourquoi vous êtes ici, Sarah ? demanda le docteur John.
- Tu es ici pour parler de madame Leaderway, enchaîna Jack. Je n'ose dire "ma femme".
Ah bon !
- Tu veux savoir comment ta mère a attrapé le syndrome de Guillain-Barré ? demanda Jack. Le virus Zika.
Le docteur John n'en croyait pas ses oreilles.
- Mais comment le sais-tu, Jack ? demanda-t-il, éberlué.
- Oh ! docteur. Tu me connais très bien. Savoir de telles choses, ce n'est pas le bout du monde.
- Docteur ? Est-ce que le virus Zika pourrait être responsable du Guillain-Barré ? demanda Sarah.
- Oui, répondit le docteur John, le virus Zika pourrait provoquer des complications neurologiques graves, comme le syndrome de Guillain-Barré, qui

touche le système nerveux périphérique, mais la question qui se pose, c'est "comment votre mère était-elle en proie au virus Zika ?", sachant que ce dernier se transmet à l'homme via la piqûre d'un moustique appelé Aedes aegypti ou albopictus, des types de moustique tigre. Alors d'où vient ce moustique ?
- Oh ! docteur, c'est très simple car le monde grouille de pervers rancuniers, et moi j'en fais partie. Comme j'étais l'époux de madame Leaderway, j'en ai profité pour faire une piqûre avec une seringue en injectant un sang contaminé par le virus Zika dans le corps de madame Leaderway au moment où elle était endormie à côté de moi dans le lit conjugal.
- Oh mon Dieu ! s'étonna le docteur John, incrédule.
Sarah, elle, commença à avoir une crise de larmes.
- Mais pourquoi ? demanda-t-elle, des sanglots dans la voix.
- Si nous voulions être toujours sages, rarement aurions-nous besoin d'être vertueux, dit Jack. En fait, je me suis toujours montré indulgent envers les défauts de ta mère que je n'aimais guère depuis notre mariage. Un mariage que je regrette...
Sarah pleurait à chaudes larmes. Voilà un père sans pitié. Un père dénué de toute sympathie naissante de la connaissance des souffrances de sa fille. Un père à qui on ne devait point attribuer ce rapport entre une fille et son père, un rapport qui se définit au moyen des notions de ligne et de degré.
- Tu crois que ta mère est morte des suites de syndrome de Guillain-Barré ? demanda Jack qui échangea des regards de complicité avec le docteur John.
- Oui, répondit Sarah.
- Détrompe-toi ! Ta mère a été tuée par deux hommes, dit Jack.
- Quoi ? Mais qui l'ont tuée ? demanda Sarah.
- Moi et le docteur John, répondit Jack avec un sourire de satisfaction.
Sarah sentit le monde tomber en ruine devant ses yeux. Quelle cruauté ! Dans quel monde était-elle ? Là encore elle n'en pouvait plus de souffrance. Entendre son père avouer ainsi était comme un poignard planté dans son cœur. Elle ne pouvait plus se tenir sur ses jambes. Elle voulait que la terre l'engloutisse car ce qu'elle venait d'entendre était loin d'être crédible.
- Vous aussi docteur ?...Vous en qui j'ai confiance, dit Sarah d'une voix étranglée de plus belle par des sanglots retenus. Espèce de...
- Là, là, calme-toi ! En effet, le docteur John me doit plus de cinq cent mille dollars, car on joue aux cartes dans un casino. Voilà pourquoi je lui ai demandé de tuer madame Leaderway pour ne plus être en dette avec moi...
Le docteur John resta muet.
- Toi aussi Sarah. J'aurais pu te tuer...
- Quoi ? Moi aussi ? s'étonna Sarah.
- As-tu entendu des pas vers deux heures du matin ? Le jour de Noël ?
- Oui, répondit Sarah.
- C'était moi, dit Jack. J'étais en train de monter les marches de l'escalier vers ta chambre pour te tuer, mais j'ai renoncé in extremis, de peur d'être suspect.

- Mais pourquoi vouloir me tuer ? demanda Sarah, interloquée.
- À vrai dire, je sais que tu subtilisais des dollars à mon portefeuille quand je dormais d'un sommeil de plomb, mais je faisais semblant de ne pas être au courant. Puis, il y a la fête de Thanksgiving où j'ai vu ton voisin George dormir chez moi, dans le salon, comme mort. Là encore je me suis montré plus indulgent que je ne le suis. Je ne sais pas qui t'a mise en cloque. Pour moi, tu es la honte de la famille. Et puis après tout, je veux un fils. Je regrette d'avoir eu une fille. Fais ta prière, Sarah, termina Jack en sortant un pistolet qu'il braqua vers sa fille.
- Jack ! cria le docteur John. Ça ne vaut pas la peine de le faire.
Voilà une voiture de police qui arriva bien juste.
- Haut les mains ! ordonna un policier en braquent une arme à feu vers Jack.
- Qui l'a appelée ? demanda ce dernier.
- Moi, répondit le docteur John, car je me repens d'avoir commis le meurtre. Il faut faire justice de nous, toi et moi.
- Je vais compter jusqu'à trois, sinon je vais tirer, menaça le policier.
Jack n'avait pas le choix. Il devrait céder.
- Pas besoin de compter, dit-il en jetant son pistolet, les mains en l'air.
Braquant toujours l'arme à feu vers Jack, le policier se dirigea lentement vers lui, lui mit les menottes et le fit monter dans la voiture de police. Le docteur John, lui, se dirigea vers la voiture de police dans laquelle il monta sans résistance. Puis le véhicule démarra. Sarah resta figée sur place, cherchant à reprendre pied dans la réalité.

Chapitre 24

On avait rendu justice à madame Leaderway. Sarah n'avait rien dit à sa fille, de peur de la choquer; et puis après tout, ce n'était pas le moment, en effet !
Presque cinq jours s'écoulèrent. C'était le vendredi. Vers quinze heures, Sarah et sa fille étaient en train de regarder la télé quand on entendit frapper à la porte de la maison. C'était Christine qui se leva pour aller ouvrir la porte. Une fois cette dernière ouverte, elle se trouva devant un Noir musclé, mais chauve.
- Bonjour ! dit-il avec un sourire.
Christine le dévisagea d'une manière étrange. Il avait presque les mêmes traits du visage ovale, aux yeux noisette, qu'elle.
- Maman ! appela-t-elle enfin sa mère.
Sarah tourna la tête qu'elle pencha vers la porte.
- C'est qui ? demanda-t-elle.
- Je ne sais pas, répondit la fille. Viens voir.
Sarah se leva et à peine avança-t-elle d'un pas que la surprise la figea sur place.
- Stan ! dit-elle, surprise.
C'était l'homme qui avait tant brisé son cœur il y avait presque huit ans. Pourquoi était-il venu ? Pour voir sa fille ? Pour demander pardon à Sarah d'avoir brisé son cœur en la quittant ? De toute façon, Sarah voulait bien qu'il soit là pour voir au moins sa fille à qui il manquait.
- Entre ! ordonna Sarah.
Stan entra dans la maison sous les yeux de sa fille qui le fixa d'un regard curieux.
- Comment vas-tu, Sarah ? demanda-t-il en effleurant de ses doigts la joue de Sarah.
Christine s'approcha d'eux.
- Tu le connais ? demanda-t-elle.
La mère la regarda avec un sourire gêné. Elle ne savait quoi répondre. Allait-elle tout dire à sa fille ? Comment allait-elle se comporter pour lui dire que c'était son père ? Mais la mère savait que chaque chose en son temps.
- Oui, c'est un ami, répondit la mère en souriant malgré elle.
- Ah bon !
- Pourquoi vivez-vous dans la pénombre ? demanda Stan.
Sarah et sa fille échangèrent un regard qui se régalait.
- Nous sommes accoutumées à vivre ainsi, répondit Sarah par amusement.
Christine eut un petit rire.
- Je veux te montrer la chambre, suis-moi, dit Sarah en s'adressant à Stan.
Tous trois montèrent les marches de l'escalier vers la chambre.
- Assieds-toi. Fais comme chez toi, dit Sarah une fois dans la chambre.
Stan prit place sur son lit et se mit à balayer la chambre du regard.

- Quelle chambre ! dit-il, étonné. Une chambre en pagaïe. Des vêtements jetés çà et là . Je vois aussi un petit seau. À quoi sert-il ?
Sarah sourit.
- Comme j'ai un besoin fréquent d'uriner pendant la nuit, j'ai l'usage de ce petit seau sans avoir besoin d'aller aux toilettes.
- Ah, bon ?
- Tu veux quelque chose à manger ?
- Ok.
Sarah sortit de la chambre. Pendant qu'elle préparait le repas, Christine et Stan parlaient. Au bout de quelques minutes, Sarah arriva avec une assiette qu'elle posa sous les yeux de Stan.
- Bon appétit.
- Merci.
- Il est doux comme le chocolat noir, dit Christine.
Ce chocolat noir est ton père, se dit Sarah.
- C'est bon, dit Stan, la bouche pleine.
Une fois le repas pris, Sarah prit l'assiette, la posa par terre et prit place à côté de Stan. Christine était déjà assise sur son petit lit.
- Ça fait des années que je ne t'ai pas vu. Où étais-tu ?
- J'ai changé, tu vois ? J'ai trouvé un travail.
Sarah tourna la tête vers sa fille et la regarda un moment avec des yeux étincelant de vives émotions.
- Ma petite princesse dorée ? Viens.
Christine sortit de son petit lit et alla les rejoindre. Elle était désormais dans les bras de sa mère qui la caressa tendrement.
La mère poussa un long soupir avant d'ouvrir enfin la bouche :
- Tu veux voir papa, n'est-ce pas ?
Christine hocha la tête.
- Le voilà ! dit la mère en pointant Stan du doigt.
La fille resta un moment bouche bée, incrédule. Soudain elle se jeta sur son père.
- Papa ! dit-elle en pleurant dans les bras de son père qui la serra fort contre lui. Tu me manques.
La mère se mit à pleurer elle aussi malgré elle.
Plus tard, Stan leur proposa de mettre la chambre en ordre. Tous trois ramassèrent les vêtements jetés par terre et les remirent en place dans l'armoire, ainsi que d'autres objets.
Le soir, ils prirent un repas léger puis Sarah et Christine s'habillèrent pour sortir. Tous trois quittèrent la maison. Ils attendaient le minuit. Enfin, voilà des feux d'artifice dans le ciel d'Ashland. Un nouvel an, une nouvelle vie commença.

Table des matières

Chapitre 1 4
Chapitre 2 6
Chapitre 3 8
Chapitre 4 12
Chapitre 5 16
Chapitre 6 19
Chapitre 7 21
Chapitre 8 23
Chapitre 9 25
Chapitre 10 30
Chapitre 11 33
Chapitre 12 38
Chapitre 13 48
Chapitre 14 57
Chapitre 15 67
Chapitre 16 70
Chapitre 17 79
Chapitre 18 82
Chapitre 19 84
Chapitre 20 90
Chapitre 21 92
Chapitre 22 100
Chapitre 23 102
Chapitre 24 105

Printed by Books on Demand GmbH, Norderstedt / Germany